반야심경

과학을 좋아하는 사람들을 위한

UCHU NO KAKERA BUTSURIGAKUSHA, HANNYASHINGHO WO KATARU
Copyright ⓒ 2019 by Haruo Saji
All rights reserved.

No part of this book may be used or reproduced in any manner whatsoever without written permission except in the case of brief quotations embodied in critical articles and reviews. Originally published in Japan by Mainichi Shimbun Publishing Inc. Korean translation copyright ⓒ 2025 by Bulkwang Media Co. Korean edition is published by arrangement with Mainichi Shimbun Publishing Inc. through BC Agency

이 책의 한국어판 저작권은 BC에이전시를 통해 저작권자와 독점계약을 맺은
주식회사 불광미디어에 있습니다. 저작권법에 의해 한국 내에서 보호를 받는
저작물이므로 무단전재와 복제를 금합니다.

반야심경

과학을 좋아하는 사람들을 위한

사지 하루오(佐治 晴夫) 지음
주성원 옮김

불광출판사

일러두기

•
이 책에 수록된 《반야심경》 원문은 당나라 현장 스님(602~664)의 번역입니다.

••
일본의 독송용 《반야심경》은 262자, 우리나라에서 통용되는 《반야심경》은 260자입니다.
이 차이는 '遠離一切顚倒夢想원리일체전도몽상'이라는 구절에서 발생합니다.
우리나라의 경우 '一切일체'를 뺀 '遠離顚倒夢想원리전도몽상'으로 쓰고 있습니다.
따라서 혼동을 피하기 위해 이 책에서는 원서의 262자 표기를 우리나라 실정에 맞추어
260자로 수정했습니다. 부록에 실은 한문본 《반야심경》과 우리말 《반야심경》은
대한불교조계종의 정식 표준의례 《반야심경》을 인용했습니다.

모든 것이면서

아무것도 아닌

'나'에 대하여

시.작.하.며.

최신 우주 연구에 따르면, 우주는 138억 년이라는 아득히 먼 옛날 무한히 뜨겁고 눈부신 한 줄기 빛에서 시작되었습니다. 우주는 빠르게 팽창하며 서서히 식어갔습니다. 시간이 지나 빛의 물방울이 우주의 안개가 되어 원시 은하가 탄생했고 그 속에서 별이 태어났습니다. 별은 빛을 발하는 과정에서 생명을 만드는 물질을 포함한 수많은 원소를 합성하는데, 에너지가 고갈되면 균형을 잃고 초신성 폭발을 일으켜 파편 형태로 우주 공간에 흩뿌려집니다. 그 파편이 모여 태양계가 탄생하고, 지구가 탄생하고, 우리를 포함한 모든 존재가 태어났습니다. 이 우주에 존재하는 모든 것은 근원적으로 동일하며, 독립적인 존재는 있을 수 없습니다. 서로에게 영향을 주고받는 상호 의존적인 존재일 뿐입니다.

우리는 스스로의 의지로 살아가는 것처럼 생각하지만 마음조차 스스로 통제할 수 없고, 일상생활 속에서 숨을 쉬고 있다는 사실조차 의식하지 못한 채 살아갑니다. 식사할 때 음식을 입에 넣고 씹는 것까지는 자신의 의지로 하지만, 그 이후는 모두 몸에 맡길 수밖에 없습니다.

우리 몸은 대략 수십조 개의 세포로 이루어져 있습니다. 하지만 그중 1%에 해당하는 수천억 개의 세포는 하룻밤 사이에 교체됩니다. 물질로서의 내 몸은 시시각각 변화하고 있는데 왜 나는 나 자신으로 계속 존재할 수 있는 것일까요?

마치 물은 물 자체로 이루어진 것이 아니라 수소와 산소로 이루어져 있다는 사실을 떠올리게 합니다. 나는 '나 아닌 것'으로 이루어져 있습니다. 이 사실을 받아들인다면 우리는 앞으로 어떻게 살아야 하는지에 대한 해답을 찾아낼 수도 있습니다. 이렇게 생각할 때마다 이 세상의 모습이 《반야심경般若心經》의 세계관 그 자체임을 실감하게 됩니다.

현대 과학과 《반야심경》의 조합이 뜻밖이라고 생각하는 사람도 있을 겁니다. 하지만 이것은 우주 연구에 종사하는 한 사람으로서 확실히 느끼는 점입니다. 이 책은 불교 철학의 입장에서 쓴 《반야심경》의 해설서가 아니라 《반야심경》에 쓰인 내용을 기점으로 현대 과학이 이해한 우주의 모습을 설명해 보려고 시도한 책입니다. 이 책을 손에 쥔 여러분이 과학의 시선으로 풀어낸 《반야심경》의 간결한 아름다움에 관심을 갖고, 그곳에서 발견한 지혜의 한 조각이 앞으로의 삶을 살아가는 힘의 원천이 되었으면 하는 바람입니다.

차 · 례 ·

시작하며 ___6

제1장 '나'는 어디에 있는가

우주에서 바라본 '나' ___16
'나'라는 수수께끼 ___19
존재에 대한 질문 ___22
불교의 세계관 ___25
생각대로 되는 일은 없다 ___28
'공호'의 개념 ___32

제2장 《반야심경》의 세계

《반야심경》의 성립 ___40
노래하듯 스며드는 경전 ___44
자유와 부자유 ___47
《반야심경》을 읽다 ___50
260자의 기도 ___93

제3장 현대 우주론으로 본 《반야심경》

밤은 왜 존재하는가 ___102
빛에서 태어나는 것 ___106
물질의 생성과 '진동' ___109
구체적이지도 않고 추상적이지도 않은 ___112
타고르(T)와 아인슈타인(E)의 대화에서 ___115
바람에서 태어난 우주 ___120
우주의 공정함 속에서 ___123
아름다움의 본질 ___126
현실과 인식의 경계에서 ___129
'환영' 속의 현실 ___132
《반야심경》의 진수 ___136

제4장 인생과 우주 시간

우주 달력 ___144
삶이라는 장대한 체험 ___147
1·2·3의 숫자 감각 ___150
뇌는 소리로 깨어났다 ___153
종교의 기원 ___156
인류의 시작 ___159
남녀라는 개성 ___162
사랑하고, 믿고, 기다리기 ___165
자신의 얼굴 ___168
적령기는 존재하는가 ___171
시간의 신비 ___173
'이제 와서'를 '이제부터'로 ___176

제5장 인생의 목적지

플라네타륨 ___184
별을 바라보는 삶 ___187
사람은 왜 여행을 떠나는가 ___190
일본 문화에 숨겨진 $\sqrt{2}$ ___192
사람과 사람의 관계 ___195
미래를 바꿀 자유 ___198
언어가 지닌 신비한 이중성 ___201
달이 없었다면 존재하지 않았을 것들 ___203
365일과 108번뇌 ___206
예수의 탄생 ___209
1인칭의 죽음은 존재하지 않는다 ___212
평화를 위한 지침서 ___215

마치며 ___224

부록

한문본 《반야심경》 ___230
우리말 《반야심경》 ___232
영문본 《반야심경》 ___234
산스크리트본 《반야심경》 ___237

제 1 장

'나'는 어디에 있는가

'나 자신은 나로부터 만들어진 것이 아니라, 나 아닌 것들로부터 만들어졌다.'

이 관점이야말로 현대의 과학적 세계관입니다. 모든 것은 독립된 존재가 아니라 '상호 존재'라는 사실의 발견입니다.

우주에서 바라본 '나'

저는 이론물리학을 생업으로 삼고 오랜 세월 대학에서 강의하며 우주 연구에 종사해 온 연구자입니다. 여러분은 '우주'라는 말을 들으면 어떤 것을 떠올리십니까? 어떤 분들은 자신과는 멀리 떨어진 세계라고 생각할지도 모르겠습니다.

그러나 인간과 우주 사이에는 깊은 연결 고리가 있습니다. 오랜 연구자의 삶을 통해서 우주를 알아간다는 것은 곧 자신을 알아가는 여정임을 느꼈습니다. 이러한 경험을 널리 전하고자 하는 마음으로 지난 십수 년 동안 우주 연구로 얻은 다양한 지식을 500곳이 넘는 초등학교, 중학교에서 강연해 왔습니다. 그렇게 80세를 넘긴 지금도 일본 전역을 누비며 활동하고 있습니다. 먼저, 평소 수업이나 강연에서 이야기한 '나'라는 주제부터 시작해 보겠습니다.

여러분은 자기 자신을 얼마나 알고 있습니까? 우리 몸을 구성하는 모든 물질은 별이 빛을 내뿜는 과정에서 만들어졌습니다. 별이 초신성 폭발이라는 형태로 생을 마감하면 우주 공간에 자신의 조각들을 흩뿌립니다. 그 별 조각에서 지구가 만들어졌으며, 인간이 탄생하게 되었습니다. 우리는 그 별의 조각, 즉 자연의 분신입니다.

인간의 몸은 별 조각, 더 구체적으로 말하면 수십조 개의 세포가 모여 만들어진 것입니다. 즉, 여러분은 '여러분 자신'으로 만들어진 것이 아니라, 여러분 이외의 것으로 만들어졌습니다. 그것이 여러분 몸의 본질입니다. 따라서 '나=몸'이 아닙니다. '자아 탐구'라는 말도 있지만, 여러분은 여러분이 아닌 것으로 이루어졌기 때문에 아무리 자신 속에서 '나'를 찾으려 해도 발견할 수 없습니다. 그렇다면 여러분은 어디에 있는 것일까요?

이 문제는 우리의 삶에 관해서 생각하는 것과 연결됩니다. 삶이란 '자신의 이야기를 만들어 가는 것'이라고 생각합니다. 태어날 때부터 모든 사람이 작가인 셈입니다. 그러나 이야기는 혼자만의 힘으로 만들 수 없습니다.

'나'와 자연과의 관계, '나'와 타인과의 관계는 아름다운 관계뿐만 아니라 추하거나 슬프거나 어려운 관계도 포함됩니다. 더 구체적으로 말하면, 수십조 개의 모든 것들과의 관계를 통해서 여러분의 이야기, 즉 삶이 만들어지는 것입니다. 거듭 말하지만, 사람은 혼자만의 힘으로 자기 자신을 확립할 수 없습니다. '나 아닌 것'이 있어야 비로소 '나'라는 존재가 확립되기 때문입니다. 이것은 감정적인 논리가 아닙니다. 어디까지나 물질의 상호 의존성으로 우주가 구성되어 있다는 냉엄한 과학적 관점입니다.

'나'라는 수수께끼

D'où venons-nous?　우리는 어디서 왔는가?

Que sommes-nous?　우리는 무엇인가?

Où allons-nous?　우리는 어디로 가고 있는가?

윗글은 미국 보스턴 미술관 2층, 19세기 거장들의 작품이 전시된 방 정면에 걸려 있는 세로 139.1cm, 가로 374.6cm 크기의 그림 제목입니다. 파리 태생의 화가 폴 고갱Paul Gauguin (1848~1903)이 죽음을 결심한 1897년에 모델도 밑그림도 없이 자신의 '예술적 유언'으로써 단숨에 그렸다고 전해지는 생애 최고의 대작입니다.

　복음서에 비견될 만큼 충격적인 이 제목은 너무도 소박하고 본질적이기에 오히려 신비롭고 수수께끼처럼 느껴집니다. '인간이란 무엇인가?'라는 질문은 지식을 탐구하는 인류의 오랜 정신의 역사 속에서 언제나 가장 근원적인 것으로 남아 있습니다. 또한 동서고금을 막론하고 시간과 공간을 초월해 사람들 마음속에서 뜨겁게 불타오르는 '질문'이기도 합니다.

생각해 보면 우리는 시각, 청각, 미각, 후각, 촉각이라는 다섯 가지 감각을 통해 외부 세계와 물리적으로 접촉하며 자신의 위치를 인식하지만, 자신의 얼굴을 직접 보는 것조차 평생 불가능합니다. 거울에 비친 얼굴은 상하 방향은 그대로지만 좌우가 뒤바뀌어 있고, 사진으로 찍어도 현미경으로 보면 작은 점들의 집합일 뿐입니다. 만약 자신의 눈으로 얼굴을 보려고 한다면 눈이 얼굴에서 튀어나와 뒤돌아봐야 하지만, 그렇게 되면 보이는 것은 눈 없는 얼굴일 뿐 자신의 얼굴은 아닙니다. 이처럼 자신의 것이면서도 결코 볼 수 없는 얼굴처럼, 이 세상에서 가장 큰 수수께끼는 '나 자신'인 것 같습니다.

그렇다면 '나'를 어떻게 인식해야 할까요? 그것은 자신이 보고 있는 상대나 대상물을 통해 자기 자신의 모습을 상상하는 방식으로만 가능합니다.

'나 자신은 나로부터 만들어진 것이 아니라, 나 아닌 것들로부터 만들어졌다.'

이 관점이야말로 현대의 과학적 세계관입니다. 모든 것은 독립된 존재가 아니라 '상호 존재'라는 사실의 발견입니다.

존재에 대한 질문

무인도에서 자신의 이름을 아무리 큰 소리로 외친다 한들 '나는 누구인가?'라는 질문에 대한 답을 찾을 수는 없습니다. 자신이 한 말을 들어주고, 그것에 반응해 주는 상대가 있어야 비로소 자신의 위치를 알 수 있습니다.

현대 우주론에 따르면, 우주의 크기는 약 138억 광년으로 지금도 계속 팽창하고 있다고 합니다. 우주가 계속 팽창하고 있다는 것은 과거의 우주가 지금보다 더 작았음을 의미합니다. 더 구체적으로 말하자면, 지금 우리 눈앞에 펼쳐진 세계가 과거로 거슬러 올라갈수록 아주 작고 좁은 곳에 응축된 상태로 있었다는 뜻이 됩니다. 어쩌면 진정한 우주의 시작은 하나의 아주 작은 근원적 물질에서 비롯되었을지도 모릅니다. 그렇다면 이 세상에 존재하는 모든 것은 그 근원과 연결되어 있으며, 근원에서 갈라져 나온 물질이 다양한 모습으로 변화한 형태가 지금의 우주라고 생각할 수 있습니다.

따라서 '나'는 곧 '우주의 분신'이자 '자연의 일부'라고 해석해도 틀리지 않을 것입니다.

중국의 옛 문헌 《회남자淮南子》에 따르면, 우주의 '우宇'는 사방과 상하, 즉 공간을 의미하고, '주宙'는 예부터 지금까지의 시간을 의미한다고 기록되어 있습니다.

우리 인간도 살아 있는 동안에는 몸이라는 물질의 형태로 공간 일부를 차지하며 과거, 현재, 미래로 흘러가는 시간이라는 바다를 헤엄치는 존재라고 할 수 있습니다. 따라서 인간도 '우주'라고 말할 수 있습니다. 밤하늘 빛나는 별에도 탄생과 종말이 있듯이 사람에게도 탄생과 종말이 있습니다.

그러나 우리가 자신의 얼굴을 자신의 눈으로 볼 수 없는 것처럼 자신의 탄생 순간을 볼 수는 없으며, 타인의 종말과 함께할 수는 있어도 자신의 종말을 객관적으로 마주할 수는 없습니다. 이러한 우리에게 도대체 지금 이 순간 살아 있다는 것은 무엇을 의미하는 것일까요? 인생이란 무엇일까요? 그 수수께끼는 더욱 깊어질 뿐입니다.

이 문제를 처음으로 풀려고 도전한 것이 종교였습니다. 인생의 종말, 즉 '죽음'은 피할 방법이 없습니다. 반드시 모든 사람에게 찾아오는 것임을 잘 알고 있지만, 그 실체는 안개

속에 가려져 있습니다. 죽음을 경험한 사람이 그 체험담을 들려줄 수 없기 때문입니다. 그러니 사람들이 죽음을 꺼리고 두려워한 것은 당연했습니다.

이러한 고민과 고통에서 사람들을 구원하기 위해 세상의 실상을 밝히고 인간 마음의 평안을 설파한 것이 종교이며, 그중 하나가 붓다의 가르침이었습니다.

불교의
세계관

붓다Buddha는 이 세상의 존재 방식과 인간 그 자체에 대해 매우 논리적으로 분석하고 깊게 고찰한 철학자입니다. 붓다가 먼저 탐구한 것은 인간의 몸이라는 실재적 물체를 포함하여, 인간이 어떤 과정을 통해 세상을 이해하는가 하는 점이었습니다.

우리 인간은 무엇으로 구성되어 있으며, 어떤 존재 방식을 가지고 있는가? 부처님은 인간의 존재에는 다섯 가지 요소가 있으며, 이들이 특정한 법칙에 따라 상호작용하고 관계를 맺음으로써 존재가 이루어지고 우리의 인식이 발생한다고 보았습니다. 이를 붓다는 '오온五蘊'이라고 불렀습니다. 오온이란 색色(rūpa), 수受(vedanā), 상想(samñā), 행行(saṃskāra), 식識(vijñāna)의 다섯 가지 요소를 말합니다. 먼저 색色이란 물체의 구성 요소로, 일반적으로 우리의 몸과 같은 물질을 의미합니다. 색의 산스크리트 원어 루빠rūpa는 '형성되다rūp'와

'파괴되다ru'라는 두 가지 의미를 포함합니다. 눈에 보이는 형태를 갖춘 실체, 즉 만들어지거나 파괴될 수 있는 영원하지 않은 것을 뜻한다고 볼 수 있습니다.

나머지 네 가지는 눈에 보이지 않는 마음의 세계, 내면을 구성하는 요소입니다. 수受는 외부 세계로부터의 자극을 감지하는 감각기관의 작용을 말합니다. 상想은 외부에서 받은 정보를 구성하여 개념을 형성하는 작용으로, 이미지를 만드는 역할을 합니다. 행行은 어떤 행동을 하려는 의지의 작용으로, 행동의 전제가 되는 심리적 활동입니다. 식識은 식별 작용을 포함한 인식의 기능을 의미합니다.

이 오온의 기능은 우리의 뇌 작용에 비유하면 쉽게 이해할 수 있습니다. 예를 들어, 눈앞에 장미 한 송이가 있다고 가정해 봅시다. 장미는 형태를 지닌 명백한 물체입니다(색). 우리는 그 장미에서 나오는 빛을 망막으로 포착합니다(수). 망막에서 포착된 빛은 전기 신호로 변환되어 뇌로 전달되고, 그곳에서 장미의 이미지가 형성됩니다(상). 여기까지는 보는 사람의 의지와는 무관하게 빛, 망막, 전기 신호의 전달, 뇌로의 전달이라는 물리적 현상으로 진행됩니다. 그 결과 마음의 작용으로 장미라고 판단하게 됩니다(행). 여기서 장미라는 물질적 꽃이 인식되지만, 더 나아가 '향기로운 장미', '누군가에게 선물하고 싶은 장미', '언젠가는 시들어버릴 장미' 등 관찰자의 마음이 크게 관여된 인식이 발생합니다(식). 이 단계에 이르러 '색'이라는 물리적 실체와 관찰자는 마음을 통해 연결됩니다.

그러나 붓다는 이러한 '오온'은 모두 착각이며 전혀 실체가 없다고 말합니다. 이러한 사고방식을 잘 이야기한 것이 바로 《반야심경般若心經》입니다. 인간이 인식하는 모든 것은 실재하지 않으며, 그 존재를 부정함으로써 우리가 느끼는 세상의 고통과 슬픔도 '착각'이라고 꿰뚫어 보면 마음이 구원받는다는 내용이 담겨 있습니다.

그렇다고 붓다의 세계관이 모든 것을 부정하기만 한다는 의미는 아닙니다. 붓다의 사상을 더욱 발전시키고 많은 사람이 이해하기 쉽게 널리 알리고자 한 것이 대승불교의 특징이며, 그 정수가 바로 《반야심경》입니다.

생각대로 되는
일은 없다

《반야심경般若心經》은 '괴로움苦(duḥkha)'으로부터 벗어나는 방법을 알려주는 경전입니다. 여기서 '괴로움'이란 '생각대로 되지 않는 것'이라고 할 수 있습니다.

만약 괴로움이 '생각대로 되지 않는 것'이라고 한다면, 똑같은 일을 마주해도 상황에 따라 '괴로움'이 되기도 하고 되지 않기도 합니다.

예를 들어, 눈이 많이 내리는 지역에 사는 사람들에게 '눈 치우기'는 매우 힘든 일입니다. 눈이 내리지 않기를 바라지만, 자연현상은 통제할 수 없습니다. 따라서 눈 치우기는 그들에게 '괴로움' 그 자체가 됩니다. 그런데 만약 눈이 내리지 않는다면 제설 작업으로 생계를 유지하는 사람들에게는 매우 곤란한 일이 될 것입니다. 이처럼 '눈이 내려서 쌓이는 일'이 괴로움이 되고 안 되고는 그것을 받아들이는 대상에 따라 달라지기 마련입니다.

붓다는 생각대로 되지 않는 일의 대표적인 예로 생로병사生老病死를 들었습니다. 태어나는 것 자체도 본인에게는 생각대로 되지 않는다는 의미에서 '괴로움'이라고 보았습니다. 늙어가는 것, 병드는 것, 죽는 것 모두 자기 뜻대로 되지 않는다는 점에서 분명히 고통입니다.

또한, 다음과 같은 괴로움도 있다고 설명합니다. 미워하는 사람과 만나야 하는 괴로움怨憎會苦(원증회고), 사랑하는 사람과 헤어져야 하는 괴로움愛別離苦(애별이고), 원하는 것을 얻지 못하는 괴로움求不得苦(구부득고), 집착으로 가득 찬 인간 존재 자체에서 오는 괴로움五取蘊苦(오취온고)이 그것입니다. 이 네 가지 고통과 생로병사 네 가지 고통을 모두 합쳐 '사고팔고四苦八苦'라고 부릅니다.

붓다는 이처럼 우리 뜻대로 할 수 없는 일에 괴로워하는 원인을 망집妄執, 즉 집착하는 마음이라고 설파했습니다. 따라서 이 집착을 없애는 것이 바로 '괴로움'으로부터의 해방이며, 열반涅槃의 경지에 이르는 방법이라고 가르쳤습니다. 그리고 이를 위한 구체적인 방법으로 팔정도八正道를 제시했습니다.

① 올바른 견해正見(정견)

② 올바른 사고正思(정사)

③ 헛된 말을 하지 않는 것正語(정어)

④ 올바른 행동正業(정업)

⑤ 올바른 생계 활동正命(정명)

⑥ 올바른 정진正精進(정정진)

⑦ 유혹에 빠지지 않고 사는 것正念(정념)

⑧ 마음의 평온함正定(정정)

이렇게 여덟 가지를 팔정도八正道라고 부릅니다.

붓다는 '괴로움'에서 벗어나려면 팔정도의 실천을 통해서 모든 존재의 진실한 모습을 꿰뚫어 보는 지혜를 키워, 생각대로 하고자 하는 집착의 마음을 버리라고 가르쳤습니다. 어떤 대상에 집착할 필요가 없음을 깨닫는 것이 중요하다는 뜻입니다. 이것은 '단념하다'라는 말로 표현할 수 있습니다. 단념한다는 것은 집착할 필요가 없음을 명확히 깨닫는 일을 말합니다. 즉, '단념한다'는 것은 곧 집착이 필요 없음을 '명확히 밝힌다'라는 뜻입니다.

더 나아가 붓다는 '괴로움'의 근본 원인을 무명無明이라고 말했습니다. 밝지 않다는 뜻으로, 무명을 '세상의 진리에 대한 무지'라고 규정했습니다. 이 무명에 관한 가르침은 불교의 중요한 특징이라고 말할 수 있습니다.

이 무명에 관한 해석은 불교가 성립한 이후 시간이 흐를수록 정밀하게 다듬어지게 됩니다. 붓다 사후 약 500년이 지난 시기에 서서히 태동한 대승불교는 붓다의 '반야般若 사상'을 더욱 드러냈습니다. 이렇게 대승불교의 기반에서 탄생한 《반야심경》은 '괴로움'을 비롯한 모든 존재를 부정합니다. 괴로움은 마음이 만들어낸 허상이며, 처음부터 존재조차 하지 않았다고 보는 시각입니다. 그래서 무명조차도 허상이라고 말합니다. 이것이 《반야심경》의 근본에 있는 '공空 사상'입니다. 《반야심경》은 세세한 논리를 배제하고 모든 것이 '공'임을 받아들임으로써 사람들을 격려하고 구원하려 했던 것입니다.

'공空'의 개념

이 장의 시작에서 "자신의 몸은 자신 이외의 것들로 이루어져 있다"라고 말했습니다. 이러한 물질의 상호 의존 관계는 《반야심경》의 근본에 있는 '공空 사상'과 연결됩니다. 그렇다면 '공'이란 무엇일까요? 산스크리트어로는 슌야따śūnyatā라고 합니다. 짧은 260자로 이루어진 《반야심경》에서는 이 단어가 일곱 번이나 등장하며 매우 중요한 의미를 지닙니다.

일반적으로 '공'은 '텅 비어 있음', '허무虛無(nāsti)'를 연상시키지만, 불교에서는 연기緣起(pratītyasamutpāda)와 깊이 관련되어 있습니다. 연기는 이 세상 모든 것은 서로 연결되어 있음을 뜻하는 말입니다. 즉, 모든 것은 독립적인 존재가 아니라 서로 관계를 맺으며 존재하며, 이러한 상호 의존적인 성질이 곧 모든 존재의 근원적 성질이라고 보는 것입니다. 이처럼 연기에서 말하는 상호 의존하는 근원적 성질을 '공'이라고 말합니다. 다른 말로 하면, 특정한 형태를 가진 실체가 없으며, 다른 것들과의 관계 속에서 다양한 형태로 변화무쌍하게 존재할 수 있음을 의미합니다. 따라서 모든 것을 포함하는 근원이라고 할 수 있습니다.

약간 극단적으로 말하면, '독립된 실체로 인정될 수 있는 것은 없다'라는 뜻입니다. 이는 '있음'과 '없음'의 구별조차 사라진 상태로 생각할 수 있습니다. 한 가지 예로 물속의 거품을 떠올려 보십시오. 거품 속에는 물이 없다는 의미에서 '없다'라고 할 수 있지만, 그 안에 공기가 있다는 의미에서는 '있다'라고도 할 수 있습니다. 만약 물고기가 거품을 본다면, 우리가 풍선을 보는 것처럼 보이지 않는 물속에서 둥둥 떠있는 거품이라는 물체를 보는 느낌일지도 모릅니다.

또 다른 예로 바둑판처럼 세로선과 가로선이 교차하는 무늬를 흰 종이에 그려보십시오. 그 교차점을 지우면 그곳은 아무것도 없는 공백이 될 것입니다. 그러나 멀리서 보면 작은 흰 원이 생긴 것처럼 보일 것입니다. 우리가 실체라고 보는 모습은 절대적인 것이 아니라 주변과의 관계에 따라 변하며, 결국 착각이나 환영에 불과합니다. 이것이 바로 '공'이며, 고유한 특성이 없다는 뜻에서 '무자성無自性'이라고도 부릅니다.

한편 번뇌는 수행을 통해 끊을 수 있다고 합니다. 만약 번뇌가 실체로서 존재한다면 수행으로 그것을 없애는 것은 물리적으로 불가능합니다. 실체를 마음으로 없애는 것은 불가능하기 때문입니다. 그러나 번뇌의 본질이 '공'이라면 실체가 없으므로 마음으로 그것을 없앨 수 있습니다. 아무것도 없기 때문에 다양한 것을 만들어낼 수도 있고, 없앨 수도 있는 것입니다. 고요한 수면에는 아무것도 없기 때문에 다양한 풍경을 비출 수 있는 것과 같습니다. '공'은 텅 비어 있으면서도 모든 것을 포함할 수 있는 상태를 말합니다. 중국의 사상가 노자老子의 《도덕경》에는 '찻잔의 비유'라는 이야기가 나옵니다. "찻잔이란 무엇인가"라는 질문에 대해 "찻잔이란 아무것도 없는 곳을 말한다"라고 답합니다. 찻잔은 여러 가지를 담을 수 있는 용기이므로 아무것도 들어 있지 않은 텅 빈 상태여야 한다는 것입니다.

붓다 생전에도 이 '공' 개념은 설파되었지만, 공 사상을 더욱 발전시킨 대승불교에서는 약 600권 분량의 《대반야바라밀다경大般若波羅蜜多經》으로 정리되었습니다. 그리고 이를 짧게 요약한 것이 바로 《반야심경》입니다.

'있음'과 '없음'의 동일성에 대해서

사과

사과 하나를
여기에 두면
사과의
이 크기는
이 사과 하나로
가득 찬다

사과가 하나
여기에 있다
그 외에는
아무것도 없다

아, 여기서
있음과
없음이
눈부시게
딱 맞아떨어진다

_ 마도 미치오

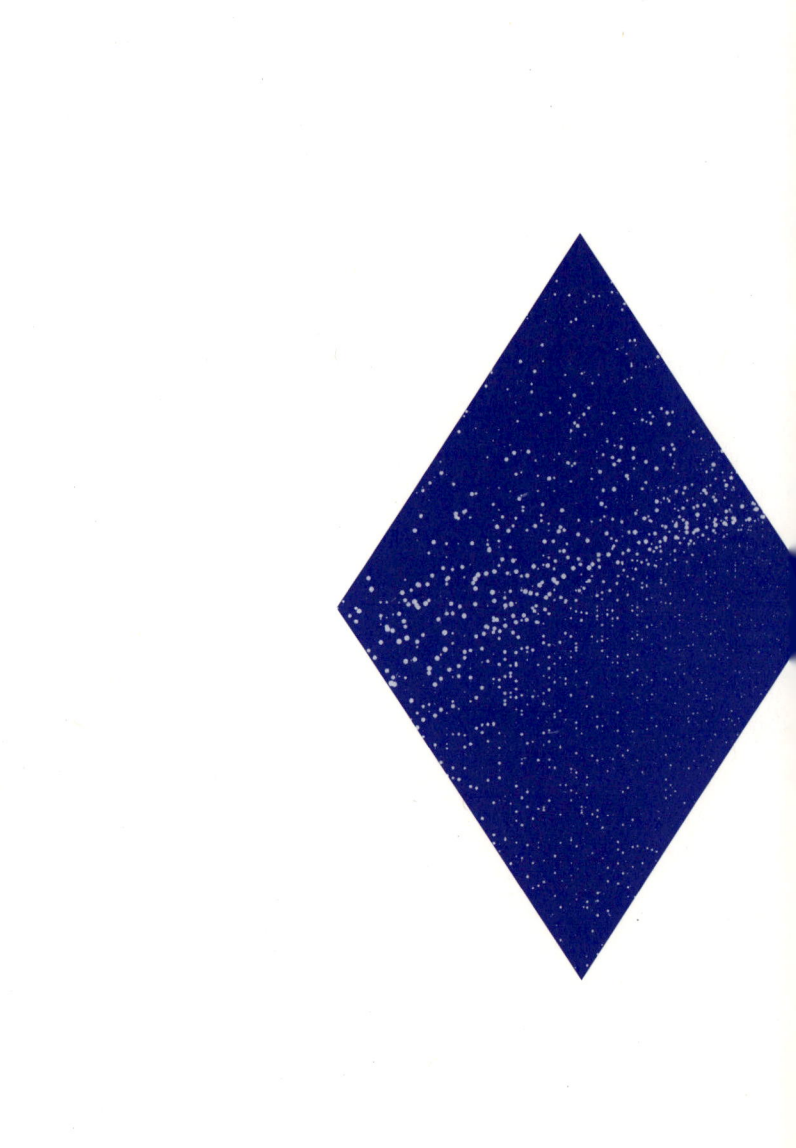

제 2 장

《반야심경》의 세계

이렇게 생각해 보면, '없음'으로 가득 찬 것도 괜찮게 느껴질 수 있습니다.

수학적 논리로 본다면 철저히 '없음'을 추구하는 행위는 그 이면에서 항상 '있음'이라는 의식을 만들어내는 행위이기도 하기 때문입니다.

《반야심경》의 성립

《반야심경》은 생로병사 등 생각대로 되지 않는 '괴로움[苦]'으로부터의 해방을 목표로 작성된 불교 경전으로, 가장 인기 있는 경전 중 하나입니다. 게다가 다른 경전보다도 짧아 단 260자로 쓰여 있습니다. 그래서 경전이라기보다는 '주문'이라고 부르는 편이 더 적합할지도 모릅니다. 이 경전은 '마하반야바라밀다심경摩訶般若波羅蜜多心經', '불설마하반야바라밀다심경佛說摩訶般若波羅蜜多心經' 등으로도 불립니다.

《반야심경》은 불교 경전인 만큼, 불교의 창시자인 붓다의 가르침을 바탕으로 하고 있지만, 붓다 자신이 설한 가르침 그대로라기보다는 붓다 입멸 후 약 500년 후에 일어난 대승불교라는 새로운 종교 운동에 의해 성립되었다고 여겨집니다.

붓다 자신은 아무것도 기록으로 남기지 않았으며, 제자들이 붓다의 가르침을 다양한 형태로 전해온 것이 불교입니다. 불교 경전을 결집할 때마다 보수적인 상좌부上座部와 진보적인 대중부大衆部 사이에서 의견이 맞지 않아 통합되지 않았다고 합니다.

그러던 중 2~3세기에 살았던 인도 승려 용수龍樹(나가르주나)가 《중론中論》이라는 논서를 저술하게 됩니다. 대승불교의 반야 사상에 영향을 받은 용수는 《중론》을 통해 공, 연기, 무자성의 이론을 정밀하게 발전시켰고, 이는 당시 불교계에 거대한 사상적 충격을 주었습니다.

그렇게 《반야심경》은 《중론》에서 말하는 '공空 사상'과 당시 인도에서 발전하고 있던 인도 밀교의 '진언眞言'이 결합하여 형성되었다는 것이 정설입니다.

이 모두를 종합해 보면, 《반야심경》은 3세기 후반 이후에서 4세기 전후에 작성된 것으로 추정할 수 있습니다. 그렇다면, 《반야심경》은 붓다 입멸 후 약 천 년의 세월을 거쳐 작성된 것임을 알 수 있습니다. 《반야심경》의 저자는 알 수 없지만, 인도의 고전 언어인 산스크리트어(범어)로 쓰인 경전임은 확실합니다.

이 경전은 중국으로 전해졌고, 많은 사람들이 한문으로 번역했습니다. 그중에서도 가장 유명한 번역은 여러분도 잘

아시는 《서유기西遊記》에 등장하는 삼장법사의 실존 모델인 현장玄奘(602~664)의 번역입니다.

현장은 629년에 중국 장안을 출발해 인도로 들어가 인도의 여러 불교 유적지를 순례하며 연구를 거듭한 뒤 많은 불교 경전과 불상을 가지고 645년에 귀국했습니다. 이후 가져온 불교 경전을 번역했으며, 그 수는 천 권이 넘는다고 전해집니다. 한편 그는 인도를 다녀온 여행기 《대당서역기大唐西域記》를 집필했는데, 이것이 나중에 《서유기》의 모델이 되었다고 알려져 있습니다.

《반야심경》에서 관심을 기울여야 할 부분은 다음과 같습니다. 부처님이 설한 세계관은 만물이 변화한다는 '제행무상諸行無常'을 기본으로 하고 있지만, 대승불교의 기본은 모든 존재가 상호 의존한다는 '연기緣起'의 사상을 토대로 한 '공空 사상'입니다. 이러한 관점에서 보면, 《반야심경》에 쓰인 세계관은 부처님 자신의 세계관과는 다소 차이가 있다고 할 수 있습니다. 이 점을 눈여겨보면서 불교를 공부하는 것도 큰 의미가 있다고 생각합니다.

한편 일본에 불교가 전해진 시기에 대해서는 여러 설이 있지만, 일반적으로 538년으로 여겨지고 있습니다. 법륭사

法隆寺에는 세계에서 가장 오래된 것으로 전해지는 범어로 쓰인《반야심경》사본이 있습니다. 따라서 이 시기에《반야심경》이 이미 일본에 전해졌을 가능성은 충분히 있다고 볼 수 있을 것입니다.

노래하듯
스며드는 경전

붓다는 자신의 말을 글로 남기지 않았습니다. 그의 가르침은 제자들의 입에서 입으로 구술되어 전해졌습니다. 따라서 《반야심경》 역시 글이 아니라 소리로 노래처럼 전파된 것이 아닐까 하는 생각이 듭니다.

19세기 후반에서 20세기 전반에 활약한 오스트리아 시인 라이너 마리아 릴케Rainer Maria Rilke(1875~1926)의 〈음악에게An die Musik〉라는 작품의 한 구절에는 "음악은 말이 멈췄을 때 비로소 울려 퍼지는 말이다"라는 표현이 있습니다. 이는 진화론적으로 보아도 말보다 소리가 먼저 존재했다는 것을 의미합니다. 이것은 우리 포유류의 특징이라고도 말할 수 있습니다.

인간은 시각, 청각, 미각, 후각, 촉각이라는 다섯 가지 감각을 통해 외부 세계와 정보를 교환하며 살아갑니다. 그러나 태아는 어머니의 자궁 안에 있기 때문에 시각이 작동하지 않으며 필요하지 않습니다. 후각과 미각은 음식물의 안전성을 확인하기 위한 기능 중 하나이지만, 이 또한 자궁 안에서 탯줄을 통해 모든 영양분을 어머니로부터 공급받는 태아에게는 필요하지 않습니다. 촉각은 출생 후 수유에 필요한 기능으로, 이미 태아 단계에서 손가락을 빠는 연습 등을 통해 준비합니다.

남은 감각은 청각인데, 태아는 어머니 자궁 안에서 어머니의 혈류 소리와 심장 박동 소리를 들으며 출산을 기다립니다. 감각기관의 형성 기간을 비교해 보아도 청각이 가장 길다고 알려져 있습니다.

한편, 우리 포유류의 조상은 쥐 정도 크기의 동물이었다고 합니다. 이들은 거대한 공룡들이 활동을 멈추는 밤을 틈타 생활했다고 전해집니다. 이는 공룡들의 청각이 그다지 발달하지 않아 밤에는 활동하지 못했을 것이라는 추측에서 비롯된 예상입니다.

즉, 포유류는 그만큼 공룡보다 청각을 발달시키며 점차 뇌를 발달시켜 현대에 이르렀다고 여겨집니다. 이후 우리의 조상이 네 발로 걷던 것에서 두 발로 걷게 되었을 때, 직립함으로써 아래 방향으로 작용하는 중력의 영향으로 목 구조가 변화했고, 이로 인해 복잡한 소리를 낼 수 있게 되어 언어를 습득한 것으로 생각됩니다. 이는 말보다 청각 정보가 선행했음을 보여줍니다. 동물행동학자의 연구에 따르면 고릴라들도 노래로 대화를 한다고 합니다.

우리 인간도 나이가 들수록 점차 기억력이 감퇴하게 됩니다. 노화로 기억력이 약해지면 점차 노래 가사를 잊게 되지만, 멜로디와 리듬은 오래 기억합니다. 이는 말보다 소리가 선행한다는 증거입니다. 이러한 점을 치료에 활용하는 것이 음악 치료입니다.

소리를 내어 말하는 언어 행위가 가진 이 특별한 힘을 '발화효과perlocutionary force'라고 부르기도 합니다. 《반야심경》은 말의 뜻을 이해하기에 앞서, 먼저 읊조리는 것의 중요성을 우리에게 가르쳐줍니다.

자유와 부자유

《반야심경》은 '마하반야바라밀다심경摩訶般若波羅蜜多心經'이라고도 부릅니다.

'마하摩訶'는 산스크리트어 '마하mahā'를 음사한 것으로, '인간의 지혜를 초월한 위대한 경지'를 의미합니다.

'반야般若'는 역시 산스크리트어 '쁘라즈냐prajñā', 또는 빨리어 '빤냐paññā'를 음사한 것으로, '지혜'를 뜻합니다. '바라밀다波羅蜜多'는 산스크리트어 '빠라미따pāramitā'에서 온 말로, pāram(피안에) + ita(이르다), 즉 '피안에 이르다'라는 뜻입니다. 이는 태어남과 죽음이 있는 세계인 차안此岸에서 영원한 평안으로 가득한 열반의 경지인 피안彼岸에 도달한 상태를 의미합니다.

그리고 '심心'은 중심적이고 중요한 핵심을 뜻하며, '경經'은 지구의 경도선처럼 세로줄을 의미합니다. 한 가지 가설에 따르면, 붓다의 가르침을 판에 가로로 적은 뒤 이를 세로로 연결해 매달아 놓은 것이 경전의 기원이라고 합니다. 산스크리트어로는 '수트라sūtra'라고 합니다.

이 모든 것을 종합하면, '마하반야바라밀다심경' = '피안에 이르기 위한 지혜를 가르치는 핵심적인 가르침'이라는 뜻이 됩니다. 이 문구의 요점은 첫머리의 '마하摩訶'에 있으며, 상상을 초월하는 위대한 경지로 나아가자는 메시지를 전하는 중요한 출발점이 됩니다. 실제로 수행이 깊은 스님이 "마 — 하 —"라고 읊으며 독송을 시작하면, 마치 위대한 여행이 시작되는 듯한 분위기가 감돕니다.

경전의 제목을 '경제經題'라고 부르며, 여러 사람이 함께 경전을 외울 때 가장 먼저 제목을 읊는 사람을 '경두經頭'라고 합니다. 그 후에 대중들이 함께 따라 외우는 것이 일반적입니다.

다음 구절인 '관자재보살觀自在菩薩'은 '관세음보살觀世音菩薩'이라고도 하며, 줄여서 '관음觀音'이라고도 부릅니다. '관자재'는 산스크리트어로 '아발로끼떼슈바라avalokiteśvara'라고 하며, 모든 사물을 치우침 없이 관찰하고 중생을 자유자재로 구제한다는 의미를 담고 있습니다. '보살菩薩'은 산스크리트어 보디삿뜨바bodhi-sattva에서 온 말로, bodhi는 '깨달음', sattva는 '살아 있는 존재'를 뜻하므로, 구도자를 의미하며 특정 인물을 지칭하지 않습니다.

여기서 주목할 점은 '관자유觀自由'보살이 아니라 '관자재觀自在'보살이라는 점입니다. 자유는 부자유가 있어야 성립하지만, 자재는 자유와 부자유라는 구분조차 초월해 모든 것을 있는 그대로 받아들이며 심지어 공허함 속에서도 풍요로움을 보는 경지를 뜻합니다.

즉, 관자재보살은 모든 분별을 초월하여 우주와의 조화 속에서 사람들을 구제하는 존재라고 할 수 있습니다.

이 자유와 부자유를 초월한 '자재'라는 개념은 물질의 상호 의존성을 강조하는 과학적 관점과도 연결되는 사고방식이라 말해도 지나치지 않습니다.

《반야심경》을
읽다

《반야심경》은 원래 인도의 언어인 산스크리트어(범어)로 쓰인 경전입니다. 불교의 발생지가 인도이므로 당연한 일입니다. 이 경전은 중국에 전해져 중국 승려들에 의해 한자로 번역되었습니다. 그러나 중국어에 없는 인도 고유 개념을 한자로 번역하는 과정에서 많은 어려움이 따랐습니다. 번역은 외래문화를 수용하는 과정이며, 거기에는 필연적으로 어려움이 따르기 마련입니다. 특히 중국의 한자는 의미를 나타내는 표의문자인 데 비해 인도의 산스크리트어는 영어의 알파벳 같은 실담자悉曇字라는 표음문자로 기록되었습니다. 그래서 승려들은 무리해서 뜻풀이하여 한자로 옮기는 것보다 원문에 가까운 소리로 읽을 수 있도록 번역하는 방법을 부분적으로 택했습니다. 이를 음사音寫라고 부릅니다. 의미 없는 글자를 사용해서 소리만 베꼈다는 뜻입니다.

　여러 승려가 이 음사의 방법으로 경전을 번역했지만, 이

중 가장 유명한 인물이 바로 현장玄奘입니다. 그의 번역은 음사한 한자에서 원래의 의미를 읽어낼 수 있을 만큼 뛰어나다고 평가받습니다. 따라서 《반야심경》 후반부에 나오는 '아뇩다라삼먁삼보리阿耨多羅三藐三菩提'와 같은 음사하여 발음을 옮긴 한자는 한자의 의미를 깊게 생각할 필요가 없습니다. 참고로 이 부분의 원문 의미는 '아눗따라삼약삼보디anuttarā-samyak-saṃbodhi'의 음사로, '위없는 최상의 올바른 깨달음'이라는 뜻입니다.

또한 마지막 부분인 '아제아제 바라아제 바라승아제 모지 사바하揭諦揭諦 婆羅揭諦 婆羅僧揭諦 菩提 娑婆訶'는 한자의 의미에 얽매이지 말고, 소리 자체에 집중하며 외우는 것이 좋습니다. 아마 현장 자신도 이를 한자로 번역하면 본래의 의미가 잘 전달되지 않으리라고 판단한 것 같습니다.

이 책에서는 범어 원문과 현장 번역을 기본으로 하여 읽기 쉽게 구성해 보았습니다. 그 과정에서 원문에는 있으나 현장 번역에서는 생략된 부분을 다른 한문 번역에서 참고하여 원문의 의미를 재구성하려고 노력했습니다.

《반야심경》의 원문은 전지자全知者에 대한 예배로 시작하여, 깨달음을 얻은 관세음보살의 소개와 함께 모든 것이

'공空'임을 꿰뚫어 본 내용을 중심으로 전개되며, 마지막에는 주문을 가르쳐주는 형태로 작성되어 있습니다. 그러나 현장의 번역에서는 처음 예배 부분이 생략되었으므로 여기에서는 괄호 안에 넣어 표기하도록 하겠습니다.

그럼 이제 《반야심경》의 전문을 읽어보겠습니다.

摩訶般若波羅蜜多心經
마 하 반 야 바 라 밀 다 심 경

(전지자이시며 깨달으신 분께 경배드립니다.)

觀自在菩薩 行深般若波羅蜜多時 照見五蘊皆空
관자재보살 행심반야바라밀다시 조견오온개공

度一切苦厄 舍利子 色不異空 空不異色 色卽是空
도일체고액 사리자 색불이공 공불이색 색즉시공

空卽是色 受想行識 亦復如是 舍利子 是諸法空相
공즉시색 수상행식 역부여시 사리자 시제법공상

不生不滅 不垢不淨 不增不減 是故 空中無色
불생불멸 불구부정 부증불감 시고 공중무색

無受想行識 無眼耳鼻舌身意 無色聲香味觸法
무수상행식 무안이비설신의 무색성향미촉법

無眼界 乃至 無意識界 無無明 亦無無明盡
무안계 내지 무의식계 무무명 역무무명진

乃至 無老死 亦無老死盡 無苦集滅道 無智亦無得
내지 무노사 역무노사진 무고집멸도 무지역무득

以無所得故 菩提薩埵 依般若波羅蜜多故 心無罣碍
이무소득고 보리살타 의반야바라밀다고 심무가애

無罣碍故 無有恐怖 遠離顚倒夢想 究竟涅槃
무가애고 무유공포 원리전도몽상 구경열반

三世諸佛 依般若波羅蜜多故 得阿耨多羅三藐三菩提
삼세제불 의반야바라밀다고 득아뇩다라삼막삼보리

故知 般若波羅蜜多 是大神呪 是大明呪 是無上呪
고지 반야바라밀다 시대신주 시대명주 시무상주

是無等等呪 能除一切苦 眞實不虛 故說般若波羅蜜多呪
시무등등주 능제일체고 진실불허 고설반야바라밀다주

即說呪曰 揭諦揭諦 婆羅揭諦 婆羅僧揭諦 菩提
즉설주왈 아제아제 바라아제 바라승아제 모지

娑婆訶
사바하

위와 같이 반야심경 전체 원문을 읽어보았습니다. 이제 좀 더 상세한 설명을 위해 의미에 따라 아홉 부분으로 나누어 해설해 보겠습니다.

일반적으로 불교 경전은 붓다의 가르침이라고 여겨지며, 보통 '여시아문如是我聞'으로 시작합니다. 이는 "나는 붓다의 가르침을 이렇게 들었습니다"라는 뜻입니다. 그러나 앞서 설명한 바와 같이 《반야심경》 원문에서는 제목 다음에 "나마스 사르바즈냐namas sarvajñāya", 즉 "전지자이시며 깨달으신 분께 경배드립니다"라는 구절이 있습니다. 여기서는 이를 생략한 현장 번역으로 시작하도록 하겠습니다.

현장의 번역은 산스크리트어 발음에 적절히 한자를 대입하면서도 되도록 원문의 의미와 한자의 뜻이 조화를 이루도록 노력한 훌륭한 번역입니다. 따라서 처음에는 한자의 뜻을 따라가며 읽는 것이 내용을 제대로 이해하는 데 도움이 될 것입니다. 그럼 각 구절의 내용을 살펴보겠습니다.

#1

摩訶般若波羅蜜多心經	마하반야바라밀다심경
觀自在菩薩	관자재보살
行深般若波羅蜜多時	행심반야바라밀다시
照見五蘊皆空	조견오온개공
度一切苦厄	도일체고액

모든 것을 초월하여 위대한 지혜에 이르기 위한 거룩한 말씀.

성스러운 구도자인 관자재보살은 지혜의 완성을 목표로 깊이 사유하던 중 존재하는 것에는 다섯 가지 요소, 즉 '오온五蘊'이 있다는 것을 깨달았습니다. 그러나 그 모든 것이 실체가 없는 것, 즉 '공空'임을 알아차리셨습니다. 이를 통해 모든 고통과 재난을 초월할 수 있었습니다.

(마지막 구절인 '일체 고통과 재난을 넘어서다度一切苦厄'라는 한역은 산스크리트 원문에 없으며, 현장이 추가한 것으로 보입니다)

'행심반야바라밀다시行深般若波羅蜜多時'는 글자 그대로 읽으면 '피안에 이르기 위한 지혜(반야바라밀다)를 깊이 사유하던 때에'라는 뜻입니다. 여기서 '깊이 사유한다'라는 내용에 관해서 설명하도록 하겠습니다.

예를 들어, '건강한 사람은 행복하다'라는 명제가 있다고 가정해 봅시다. 여러분은 이 명제에 대해 어떻게 생각하시나요? '건강하지만 불행한 사람', '병이 있지만 행복한 사람', '병이 있으면서 불행한 사람' 등 다양한 경우를 떠올릴 수 있습니다. 건강과 행복을 단순히 하나로 연결하는 것만으로는 정확한 결론이라고 할 수 없습니다. 이와 같은 사고방식이 바로 깊이 생각한다는 것의 한 예입니다.

'A는 B이다'라는 명제의 반대, 즉 'B는 A이다'는 반드시 참이 아닙니다. 예를 들어, '그는 남자다'라는 명제의 반대인 '남자는 그이다'가 참이 아님을 보면 알 수 있습니다. 붓다의 사고방식은 매우 분석적이고 논리적입니다. 그 특징은 'A는 B가 아니다', 'B는 A가 아니다', 'A는 B이다', 'B는 A이다'와 같은 사고를 반복하며, 마지막에는 '있음'과 '없음'이라는 상반되는 개념조차 초월하려는 강력한 사고방식에 있습니다.

앞에서 관자재보살은 관세음보살, 또는 관음보살과 같은 뜻이라고 설명했습니다. 이 중에서 관음觀音에 대해 한 가지 덧붙이자면, 관음은 소리를 '듣는다'가 아니라 소리를 '본다'로 쓰입니다. 여기에도 중요한 단서가 숨겨져 있습니다. 에도 시대 중기의 선승禪僧인 하쿠인 선사白隱禪師(1686~1769)가 사용한 유명한 화두가 있습니다.

"양손을 치면 소리가 나지만, 한 손으로는 어떤 소리가 나는가?"

이 말의 의미는 소리가 난다거나 나지 않는다거나, 양손이나 한 손이라는 구분을 버리라는 뜻입니다. 가령, 한 손으로 박수치는 장면을 시각적으로 포착하고 그 장면에서 들리지 않는 소리를 들어보라는 의미로 해석할 수 있습니다.

관음이란 각 감각기관에 얽매이지 않고 다각적인 시점에서 사물의 진정한 모습을 종합적으로 볼 수 있는 존재를 의미한다고 말할 수 있습니다.

#2

舍利子	사리자
色不異空 空不異色	색불이공 공불이색
色卽是空 空卽是色	색즉시공 공즉시색
受想行識 亦復如是	수상행식 역부여시

샤리뿌뜨라여, 잘 들으십시오. <u>물질적 현상인 '색色'은 실체가 없는 '공空'이기 때문에 물질적 현상 '색'으로 존재할 수 있는 것입니다.</u> 실체가 없는 '공'이라고 해도 물질적 현상인 '색'과 분리된 것이 아니며, 물질적 현상인 '색' 또한 실체가 없는 '공'과 분리된 것이 아닙니다. 이처럼 물질적 현상인 '색'은 모두 실체가 없는 '공'이며, 실체가 없는 '공' 또한 물질적 현상인 '색'입니다.

마음의 작용인 수受, 상想, 행行, 식識 역시 모두 실체가 없습니다.

여기부터는 관자재보살이 깨달은 내용을 설명하는 부분으로, 《반야심경》에서 가장 중요한 부분에 해당합니다. '사리자舍利子'는 붓다의 가장 뛰어난 제자로 알려진 샤리뿌뜨라Śāriputra를 가리키며, 《반야심경》은 그에게 가르침을 전하는 형식을 취합니다. 이 가르침은 다음과 같습니다. 형태가 있는 것처럼 보이는 '색色'은 다른 것들과의 관계 속에서 그렇게 보일 뿐, '공空'과 분리된 것이 아닙니다. 그렇기 때문에 반대로 '공'도 '색'과는 별개의 것이 아니며, '색'과 '공'은 동일한 것이라는 주장을 하고 있습니다.

이 부분에서는 세 단계의 논리가 반복되는데, 원문에서 처음 등장하는 '색은 공이기 때문에 색일 수 있다色性是空 空性是色'라는 첫 번째 단계는 현장의 번역에서 생략되었습니다. 해당 구절에 대응하는 한자와 그 의역에는 밑줄을 표시해 두었습니다. 전체 내용을 자세히 살펴보면 다음과 같습니다.

1단계 | 물질적 존재는 현상으로 인식되지만, 현상은 무수한 원인과 조건에 따라서 변화하는 것이므로 변하지

않는 실체란 존재하지 않습니다. 변화하기 때문에 현상으로 나타나고, 우리는 그것을 존재로 인식합니다. 즉, 색은 공이기 때문에 색일 수 있습니다.

2단계 | 실체가 없는 혼돈의 세계를 이해하기 위해서는 먼저 현상에 주목해야 하며, 그것이 모든 것과의 관계 속에서 움직이고 있는 '연기緣起'임을 인식해야 합니다. 먼저 '나'라는 현상을 고정된 것으로 가정한 뒤, 그것이 '나' 아닌 것들에 의해 구성되고 '나' 아닌 것으로 변화하고 있음을 이해해야 합니다. 모든 것은 '나'와 대립하며 '나'를 부정하는 것에 의해 제한되고, 그 부정을 통해 '나'라는 존재가 긍정됩니다.
즉, 색은 공과 다른 것이 아니며, 공도 색과 다른 것이 아닙니다.

3단계 | 첫 번째와 두 번째 단계를 경험적으로 이해함으로써 색과 공의 동일성이 확립됩니다. 즉, 색은 공이고 공은 색입니다.

물은 고체, 액체, 기체 등 다양한 형태가 있지만, 물을 분자 단위까지 세분화하면 수소 원자와 산소 원자가 결합한 화합물임을 알게 됩니다. 그리고 이 원자는 더 작은 양성자, 중성자, 전자로 이루어져 있으며, 이는 다시 눈에 보이지 않는 기본 입자로 구성되어 있습니다. 양자역학의 관점에서 보면 이러한 기본 입자는 우주 전체에 퍼져 있는 '파동' 같은 것으로 여겨집니다. 여기서 양자역학이란 원자와 분자 수준의 미시적 세계를 설명하는 물리학 이론을 말합니다.

요컨대 지금 눈앞에 보이는 '물水'이라는 물질적 모습은 절대적이고 영원히 변하지 않는 독립된 실체가 아니라 바로 '공'이라는 것입니다. 여기서 '색불이공 공불이색 색즉시공 공즉시색'이라는 표현처럼 색과 공을 서로 바꿔 말하거나 '같다'라는 것을 '다르지 않다'라고 표현한 것에 주목할 필요가 있습니다. 이는 '색'과 '공'이 완전히 동일한 것임을 강조하기 위한 논리적 구성입니다. A와 B가 완전히 동일하다는 것을 표현하려면 A는 B 안에 포함되고 B는 A 안에 포함되어야 하며, 이를 다른 표현으로 하면 '다르지 않다'라는 말이 됩니다.

마음의 작용인 '수受', '상想', '행行', '식識'도 마찬가지로 절대적인 존재가 아닙니다. 이 작용을 좀 더 풀이해서 설명하면 이렇습니다. 눈앞에 보이는 것과 우리의 마음 사이의 관계는 다음과 같은 과정을 거칩니다. 먼저 그 사물에서 나오는 정보를 감지하고(수), 그것을 뇌로 전달해 구성하고 이미지를 형성하며(상), 그 사물의 일반적인 형태를 인지한 뒤(행), 마지막으로 인식하고 판단합니다(식). 이 과정은 상황이나 조건에 따라 얼마든지 달라질 수 있습니다.

따라서 다양한 조건과 관계 속에서 '수, 상, 행, 식'의 과정이 달라지고, 최종적으로 인식되는 결과도 고정되지 않으므로 이것 또한 '공'이라고 할 수 있습니다.

또 한 가지 덧붙이자면 내가 어떤 천체를 '태양'이라고 인식한다고 할 때, 이는 목성이나 금성 같은 '태양이 아닌 것들'에 의해 뒷받침되어 '태양'이라는 개념이 성립됩니다. 따라서 태양 또한 목성이나 금성과 의미적으로 묶여 있고 서로 의지하며 존재한다고 할 수 있습니다.

이를 다른 말로 하면 '상호 의존'이며 '일즉다 다즉일一卽多 多卽一', 바꿔 말해서 '하나가 곧 전체요, 전체가 곧 하나'라는 관계라고 할 수 있습니다. 이것이 바로 '연기의 법칙'입니다. 극단적으로 표현하자면 지금 내가 '살아 있다'라는 것은

'아직 죽지 않았다', '살아남았다'라는 많은 조건에 의해 뒷받침되어 '살아 있다'라고 말할 수 있는 것입니다. 이런 의미에서 '삶'과 '죽음'은 동시에 공존한다고도 볼 수 있습니다.

우리 세계에는 분명히 '죽음'이라는 것이 존재합니다. 그러나 그것은 '누군가가 죽었다'는 식의 일상적으로 발생하는 3인칭의 죽음이며, 또는 '나와 가까운 사람이 죽었다'라는 2인칭으로서의 죽음일 뿐입니다.

2인칭의 죽음은 1인칭인 자신의 삶과 밀접하게 연관되어 있기 때문에 자신에게는 큰 사건으로 다가옵니다. 그렇다면 나 자신의 죽음이라는 1인칭의 죽음은 무엇일까요?

생리학적 논의는 잠시 미루어두고, 우선 죽음을 의식의 소멸이라고 정의해 봅시다. 우리는 자신의 탄생 순간과 종말 순간의 의식이 없습니다. 자신의 죽음을 명확히 자각할 수 없다는 뜻입니다. 나 자신의 죽음은 어디까지나 상상의 영역에서만 존재하는 사건입니다.

따라서 한 걸음 더 나아간다면 '1인칭의 죽음은 존재하지 않는다'라고 말할 수 있습니다.

의식의 소멸이라는 죽음이 있기 때문에 지금 의식이 있는 삶이 존재합니다. 이것이 바로 '삶과 죽음의 공존'입니다.

**과자의 맛은
마음이
결정하는 걸까?**

과자

장난삼아 한 개 숨겨둔
남동생의 과자.
안 먹을 거야 다짐했는데,
그만 먹어버렸어.
과자 한 개를.

엄마가 두 개라고 말하면
어떡하지.

놨다가
집었다가 다시 놔두고,
그래도 남동생이 오지 않아서
결국 또 먹어버렸어.
두 번째 과자를.

씁쓸한 과자,
슬픈 과자.

_가네코 미스즈

#3

舍利子	사리자
是諸法空相	시제법공상
不生不滅	불생불멸
不垢不淨	불구부정
不增不減	부증불감

샤리뿌뜨라여, 잘 들으십시오. 이 세상의 모든 존재는 본질적으로 실체가 없는 특성[空]이 있습니다. 그러므로 새롭게 생겨나는 것도 없고, 사라지는 것도 없습니다. 더럽혀진 것도 아니며, 더러움에서 벗어난 것도 아닙니다. 가득 차는 일도 없고, 줄어드는 일도 없습니다.

이 부분에서는 모든 존재를 '공'이라고 주장하고 있습니다. '공'이라는 것은 아무것도 없는 '허무'를 뜻하는 것이 아닙니다. 오히려 모든 것을 낳는 '근원'이 됩니다. 아무것도 없으므로 무엇이든 만들어낼 수 있습니다. 아무것도 그리지 않은 빈 종이이기에 어떤 그림이라도 그릴 수 있는 것처럼 말입니다. '공'은 모든 물질적 현상을 낳는 모태와 같습니다.

우리의 삶에는 탄생과 종말이 있습니다. 하지만 지금 살아가고 있다면 다시 태어날 수는 없습니다. 또한, 죽음이라는 종말은 지금 살아 있는 이상 동시에 경험할 수 없습니다.

잠시 다른 이야기를 하겠습니다.

조동종曹洞宗의 개조 도겐道元(1200~1253)의 저술인 《정법안장正法眼藏》의 〈생사生死〉 편에 다음과 같은 말이 있습니다. "삶의 순간에는 삶만이 전부이며 다른 것은 없고, 죽음의 순간에는 죽음만이 전부이며 다른 것은 없다. 그러므로 삶이 찾아오면 오직 삶에 충실하고, 죽음이 찾아오면 오직 죽음에 충실해야 한다."

살아 있다는 것은 의식이 있다는 것을 의미합니다. 그렇다면 아마도 의식이 없었을 출생 이전과 사망 이후는 본인에게 의식 자체가 존재하지 않으므로, 출생 이전이나 사망 이후라는 시간은 존재하지 않습니다. 따라서 이는 불생불멸不生不滅이라 할 수 있습니다.

이를 제삼자의 관점에서 본다면 다음과 같은 예를 들 수 있습니다. 씨앗 하나에서 자란 한 송이 장미를 꺾어 꽃병에 꽂았다고 합시다. 이 장미는 꺾였기에 죽은 것일까요? 꺾인 후에도 사람들에게 아름다움을 선사하는 의미에서 살아 있다고 할 수 있습니다. 장미는 시들어도 실내를 장식하며 존재감을 유지합니다. 심지어 쓰레기로 태워져도 흙으로 돌아가 새로운 씨앗을 키울 힘을 갖고 있습니다. 이런 의미에서 장미는 죽지 않습니다.

이처럼 모든 것은 변하기 때문에 하나의 상태에 집착하는 것은 무의미합니다. 하나의 존재는 독립된 실체가 아니라 다른 것들과의 관계 속에서 시시각각 모습을 바꾸기 마련입니다. 하지만 그 본질은 불생불멸입니다.

앞서 이야기한 것처럼 우리의 몸은 수십조 개의 세포로 이루어져 있으며, 이 세포들은 매일 새롭게 바뀌고 있다고 합니다.

하룻밤 동안에도 수천억 개의 세포가 교체됩니다. 물질로서의 몸은 계속 바뀌는데도 자신이라는 자각은 변하지 않는다는 점이 흥미롭습니다. 애초에 '나'라는 존재는 다른 것들과의 관계 속에서 성립합니다. 게다가 관계를 맺은 모든 것 또한 독립된 실체가 아니기 때문에 처음부터 더러운 것, 깨끗한 것은 정해져 있지 않습니다. 또한 상호 의존적인 존재이기에 전체적으로 보면 늘어나거나 줄어들지도 않습니다.

이렇게 생각해 보면 어떨까요. 좋아하는 컵에 맛있는 커피를 따라 마십니다. 그리고 그 컵에 오물을 담았다가 깨끗이 씻어서 다시 커피를 따른다면 여러분은 마시겠습니까? 더러운 오물이 기억에 남아 마시지 않으려고 할 것입니다. 또 커피 원두를 갈아서 필터에 넣기 전까지는 향기로운 가루지만, 커피를 내린 뒤 남은 찌꺼기는 쓰레기로 버려집니다. 그런데 이 찌꺼기가 정말 더러운 것일까요? 그것은 훌륭한 탈취제나 비옥한 땅을 만드는 비료로 사용할 수 있습니다. 내 자식 뺨에 붙은 밥알을 엄마는 아무렇지 않게 떼어내 먹을 수 있지만, 일면식 없는 사람의 뺨에 묻은 밥알을 먹으려는 사람은 없을 것입니다. 엄밀히 말하자면 커피, 오물, 밥알 그 자체는 더럽고 깨끗하다는 말을 붙일 수 없습니다. 여러 조건이 모여 그러한 상태를 만들었고, 다시 다른 형태로 변해갑니다. 깨끗함과 더러움에는 절대적인 기준이 있을 수 없습니다. 깨끗함과 더러움의 구별은 그저 우리 마음이 만든 허상에 불과합니다.

돈도 마찬가지입니다. 우리는 노동의 대가로 돈을 받습니다. 노동이 돈이라는 형태로 바뀝니다. 그 돈으로 무언가를 사게 되면 산 물건으로 돈의 형태는 다시 바뀌게 됩니다.

그렇게 돈의 양은 늘어났다가 줄어들기를 반복합니다.

자연현상도 이와 다르지 않습니다. 태양 에너지가 지구의 물을 증발시켜 수증기를 만들면 비가 되어 대지로 내리고, 그 물로 발전기를 돌려 전기를 만듭니다(수력 발전). 이 전기는 사람들의 삶을 풍요롭게 만듭니다. 소비된 전기 에너지는 소리나 열 등으로 변한 후 다시 지구 대기로 스며듭니다. 이렇게 에너지는 형태를 바꾸며 순환하지만, 전체적인 양은 변하지 않습니다(물리학에서 말하는 '에너지 보존 법칙'). 따라서 순환의 한 단면만 보고 그 현상에만 집착하는 것은 의미가 없습니다.

결론적으로 모든 것은 끊임없이 변화하며(제행무상), 영원히 변하지 않는 고유한 실체는 없습니다(제법무아).

**영원한
'생명'**

꽃의 영혼

떨어진 꽃들의 영혼은
부처님 꽃밭에서
하나도 빠짐없이 다시 태어나요.

왜냐하면, 꽃들은 참으로 다정해서
해님이 부르면
활짝 피어나 미소 짓고,
나비들에게 달콤한 꿀을 나누어주며,

사람들에게는 향기로움을 선물하고,
바람이 "이리 와" 하고 부르면
순순히 따라가기 때문이에요.

영혼 떠난 몸조차
아이들 소꿉놀이의
밥이 되어 주니까요.

_가네코 미스즈

#4

是故 空中無色	시고 공중무색
無受想行識	무수상행식
無眼耳鼻舌身意	무안이비설신의
無色聲香味觸法	무색성향미촉법
無眼界 乃至 無意識界	무안계 내지 무의식계

그러므로, '실체가 없는 상태(공)'의 관점에서 보면, '물질적 현상(색)'이라는 것은 존재하지 않습니다. 수受, 상想, 행行, 식識과 같은 마음의 작용도 존재하지 않습니다. 시각, 청각, 후각, 미각, 촉각, 그리고 마음 그 자체도 없습니다. 형태, 소리, 향기, 맛, 감촉, 마음속에 떠오르는 대상 등도 존재하지 않습니다. 시각에서 마음에 떠오르는 의식에 이르기까지 모든 것은 존재하지 않습니다.

여러분이 지금 손에 들고 있는 이 책은 종이로 만들어졌습니다. 종이의 원료는 식물에서 추출한 펄프입니다. 식물은 물 없이는 자랄 수 없습니다. 물은 비가 가져다준 것입니다. 비는 구름이 내린 것이고, 구름은 태양 에너지가 지상에서 끌어올린 수분으로 만들어졌습니다. 태양은……. 이렇게 생각을 이어가다 보면 결국 우주의 시작까지 거슬러 올라가게 됩니다.

따라서 종이에 귀를 기울이니 빗소리와 나뭇잎 흔들리는 소리가 들린다고 해도 이를 부정할 수는 없습니다. 변함없는 실체로서의 종이는 없으며, 종이는 종이가 아닌 다른 것들로 만들어졌고, 지금은 단지 종이라는 모습으로 존재하고 있을 뿐입니다.

생각해 보면 참 흥미롭습니다. 현대 우주론에 따르면 이 우주에 존재하는 모든 기본 입자의 수는 1 뒤에 0이 80개나 붙을 만큼 많습니다. 이 우주에 있는 모든 사물과 벌어지는 사건은 이 입자들의 단순한 결합과 분리로 일어나는 현상일 뿐입니다. 따라서 '공'이라는 사상은 현대 최첨단 과학과 매우 잘 어울려 보입니다.

우리는 길을 걷다가 빨강 신호등을 보면 멈춥니다. 하지만 여러분이 보는 빨강 신호등의 색과 제가 보는 빨강 신호등의 색이 같은지 증명할 방법은 없습니다. 여러분은 여러분이 보는 방식대로 빨강 신호등을 보고 있고, 저는 저의 감각으로 빨강 신호등을 보고 있습니다. 절대적인 존재로서의 빨강 신호등은 없는 것입니다. 그럼에도 불구하고 여러분도 저도 그 신호를 보고 멈춥니다.

왜일까요?

그것은 하나의 모델로 제시된 빨간색을 보고 나서 여러분은 여러분만의 빨강으로 인식하고, 저는 저만의 빨강으로 인식하기 때문입니다. 이는 하나의 모델을 만들어 그것을 사회적 규범으로 삼는 집단 속에서 우리가 살아가기 때문에 가능한 일입니다.

빨강 신호등에 대한 느낌도 상황에 따라 달라집니다. 급할 때 마주한 빨강 신호등은 빨리 바뀌지 않아 짜증을 느낍니다. 반면, 조금이라도 더 함께 있고 싶은 사람과 기다리는 빨강 신호등은 오래도록 켜져 있기를 바랍니다.

이처럼 모든 상황에서 절대적으로 성립하는 판단 기준은 애초에 존재하지 않는다는 결론에 이르게 됩니다. 모든 것은 눈앞에 있는 것과 그 순간의 마음이 상호작용한 결과로 생겨나는 하나의 영상 같은 것입니다.

그렇다면 우리가 항상 보고 있다고 생각하는 것은 환상일까요?

현대 양자역학은 이러한 질문에까지 접근하려 하고 있

습니다.

우리가 말하는 다섯 가지 감각(시각, 청각, 후각, 미각, 촉각)과 여섯 번째 감각인 '의식'까지 모두 변하지 않는 실체로서는 존재하지 않습니다.

사물의 형태(색), 소리(성), 냄새(향), 맛(미), 촉감(촉), 그리고 우주의 기본 질서인 '법dharma'조차도 불변하는 실체가 있는 것은 아닙니다.

눈으로 느끼는 것에서부터 마음과 의식의 세계에 이르기까지 절대적이고 고정된 실체는 존재하지 않습니다.

여기까지 '없다'라는 이야기가 계속되면 잠시 혼란스러울 수도 있습니다. 하지만 곰곰이 생각해 보면 사람마다 감각은 천차만별입니다. 그렇다면 자신의 감각이 다른 사람에게도 똑같다고 여기고 이를 강요하는 것은 옳지 않다는 결론에 이르게 됩니다. 각자 다르기 때문입니다.

반대로 생각해 보면 상대방의 감각은 그 사람만의 독특한 방식으로 느끼는 것이므로 그것이 나와 다르다고 해서 화를 낼 정당성도 사라집니다. 말하자면 내가 내 멋대로인 것처럼 여러분도 여러분 멋대로임을 인정한다면 서로의 의견을 조화롭게 모아 건설적인 방향으로 나아갈 수 있습니다.

우리에겐 상대를 온전히 받아들이고 더 나아가 함께하려는 태도가 필요합니다.

이렇게 생각해 보면, '없음'으로 가득 찬 것도 괜찮게 느껴질 수 있습니다. 다만, 저는 수행자도 아니고 깨달음을 얻은 사람도 아니기 때문에 정말로 그렇게 생각해도 되는지 확신할 수는 없습니다.

하지만 수학적 논리로 본다면, 그런 방식으로 생각하더라도 모순에 이르지는 않습니다. 왜냐하면, 철저히 '없음'을 추구하는 행위는 그 이면에서 항상 '있음'이라는 의식을 만들어내는 행위이기도 하기 때문입니다.

불교학자 스즈키 다이세쓰鈴木大拙(1870~1966)의 '즉비卽非의 논리'를 빌리자면 다음과 같습니다.

'A는 A이다'라는 명제는 'A는 A가 아니다'라는 사실(A는 독립적으로 존재하는 것이 아니라 '연기緣起'에 의해 A 외부의 것들로 이루어졌으므로 순수한 의미에서는 A 자체가 아니다)을 통해 A는 A가 된다는 것입니다.

즉 언어를 통해 언어를 부정함으로써 언어를 초월한 경지에 도달할 수 있다는 뜻입니다. '없다'를 반복하다 보면 어느새 '있다'라는 느낌이 생겨납니다.

예를 들어 '색즉시공色卽是空'이라는 말처럼 색(형태)은 공(비실체)이기 때문에 색일 수 있으며, 반대로 색이 공이 아니라면 색은 색일 수 없다는 것입니다. '색즉시공'이라는 개념은 색이 색일 수 있는 필요조건이며 동시에 충분조건인 셈입니다. 왜냐하면 색은 독립된 실체가 아니기 때문입니다.

#5

無無明	무무명
亦無無明盡	역무무명진
乃至 無老死	내지 무노사
亦無老死盡	역무노사진
無苦集滅道	무고집멸도
無智亦無得	무지역무득
以無所得故	이무소득고

(고통의 근원이 되는) 무명도 없고, 무명이 다하는 일도 없습니다. 무명이 없으므로 그 결과로서의 '늙음과 죽음'도 없고, 늙음과 죽음이 다하는 일도 없습니다. 고苦, 집集, 멸滅, 도道라는 '사성제四聖諦'도 없습니다. 깨달음의

지혜도 없고, 지혜의 얻음도 없습니다. 일체 얻을 것이 없기 때문입니다.

불교의 최대 목적은 인생의 '일체개고一切皆苦', 즉 모든 괴로움으로부터의 구원입니다. 고통의 원인을 거슬러 올라가면 열두 단계가 있고, 그 최종 근본 원인에 '무명無明'이 있습니다. 이를 십이연기十二緣起라고 합니다. 각각의 자세한 정의는 생략하지만, 순서대로 나열하면 이렇습니다.

① 무명無明 → ② 행行 → ③ 식識 → ④ 명색名色 → ⑤ 육처六處 → ⑥ 촉觸 → ⑦ 수受 → ⑧ 애愛 → ⑨ 취取 → ⑩ 유有 → ⑪ 생生 → ⑫ 노사老死

이는 붓다의 생각입니다. 붓다는 모든 괴로움의 출발을 무명으로 보았습니다. 따라서 붓다는 고통의 궁극적 원인인 무명을 없애라고 설했습니다.

또한 괴로움이 어떻게 생겨나는지를 분석한 불교의 기본 방침이라고 할 수 있는 '사성제', 즉 이 세상은 일체개고一切皆苦라는 고제苦諦, 고통의 원인은 번뇌라는 집제集諦, 따라서 번뇌의 소멸이야말로 고통으로부터의 해방이라는 멸제滅諦, 그리고 번뇌의 소멸 방안으로 여덟 가지 방법을 종합적으로 제시한 도제道諦를 설명했습니다. 이 여덟 가지 방법이 앞서 이야기한 팔정도입니다.

그런데 《반야심경》은 붓다가 발견한 이러한 모든 방법을 부정하고 없다고 말합니다. 붓다는 수많은 인과 관계 속에서 우리의 행위로 인해 생기는 업業(karma)이 만드는 고통에서 벗어나기 위해 수행을 강조했습니다. 수행을 통해 자신의 마음 상태를 바꾸려 했던 것입니다. 그에 비해 《반야심경》은 세상을 바라보는 방식을 바꾸려 했습니다.

공 사상이 정밀하게 형성되기 이전의 불교에서는 분명히 정해진 우주의 인과율이라는 대원칙이 있었습니다. 하지만 《반야심경》에서는 그 원칙을 모두 없음의 '공空'이라는 개념을 통해 꿈과 환상으로 만들어버린 것입니다.

《반야심경》 이전의 불교는 먼저 자신을 이롭게 하고[自利], 그것이 타인을 이롭게 하는 행위[利他]로 이어지는 게 좋다고 여기지만, 대승불교에서의 이타는 '자기희생'에 큰 의미를 부여합니다. 타인의 이로움을 자신의 이로움으로 삼는 삶을 지향합니다. 이를 위해서 먼저 세상이 '공'임을 통찰한 사람의 덕을 존경하고, 경전을 숭배하고 암송하는 실천적 삶을 살도록 인도합니다. 그것이 《반야심경》인 것입니다.

다시 한번 반복하자면,《반야심경》이전의 불교는 수행을 통해 자신을 돌아보고 스스로 깨닫는 자리自利가 선결이며, 그것이 이타利他로 이어진다고 했습니다.

반면에 대승불교에서 중요하다고 한 것은 '자기희생'을 통해 남을 도우면, 돌고 돌아 나의 이로움에 이른다고 생각한 것 같습니다. 이러한 생각에서 생겨난 것이 '보시布施'입니다.

인도의 전통적인 세계관에는 '원인과 결과'를 토대로 한 '업業'이라는 생각이 있습니다. 붓다는 그것을 기본으로 하여 이 세상의 기본적 요소는 서로 얽혀 있으며, 정해진 인과법칙에 따라 변화를 반복함으로써 사물이 나타난다고 보았습니다. 따라서 세계는 인과의 집합체에 불과하므로 세상에 불변하는 실체 등은 존재하지 않는다고 생각했던 것 같습니다.

세상을 만드는 기본적 요소의 이합집산으로 만물이 만들어진다는 현대 과학에 가까운 인식입니다. 그러한 사고방식에서 '나'라는 존재는 절대적 존재가 아니라는 '제법무아諸法無我'라는 개념도 나왔을 것입니다. 한편《반야심경》에서는 그러한 기본 요소조차 없다고 단언하고 있습니다.

불교를 포함한 인도 사상에는 업이라는 관념이 강하게

자리 잡고 있습니다. 인도인들은 생각이나 행동에 따라서 필연적으로 업이 생겨난다고 생각했습니다. 업은 눈에 보이지 않지만 강한 작용력이 있는 에너지 같은 것이라고 받아들였던 것 같습니다. 이 업이 쌓여서 무르익으면 과보를 받게 되고, 윤회의 원동력이 됩니다.

깨달음을 얻어 열반한다는 말은 업에서 벗어난다는 뜻입니다. 붓다 역시 업에서 벗어나 반복해서 태어나는 윤회를 극복하여 열반에 이르는 것을 목표로 삼았습니다. 업이 쌓이지 않으려면 집착하는 마음을 버려야 합니다. 붓다는 집착하는 마음으로 가득 찬 자아의식을 버리라고 강조했습니다. 자아의식이 없는 상태에서의 행위는 업을 쌓지 않게 되고, 그렇게 사는 것이야말로 진정한 삶의 방식이라고 가르쳤습니다.

그에 비해 《반야심경》에서는 이 세상에는 어떤 법칙도 없고, 단지 있는 것은 아무것도 없음을 깨달은 관자재보살의 '지혜'이므로, 보살이 말하는 대로 그 가르침을 외우는 것만으로도 '인과', '업', '윤회' 등의 속박에서 벗어날 수 있다고 호방하게 노래하고 있습니다.

이는 '먼저 스스로를 구원할 방법을 찾고, 그것이 확실히 몸에 배었을 때 다른 이에게도 널리 퍼트리자'라고 설한 붓다의 논리적이고 지적인 자세와 대조적입니다.

붓다의 이성적 사고에 비해 《반야심경》의 가르침에는 어딘가 꿈과 환상 같은 면이 있어 매우 정서적이고 시적인 매력이 느껴집니다.

#6

菩提薩埵	보리살타
依般若波羅蜜多故	의반야바라밀다고
心無罣碍	심무가애
無罣碍故	무가애고
無有恐怖	무유공포
遠離顚倒夢想	원리전도몽상
究竟涅槃	구경열반

보살은 '얻을 것은 아무것도 없다'라는 지혜의 완성을 통해 마음을 가로막는 장애를 없애고, 그로 인해 두려움도 사라지며, 현실과 동떨어진 왜곡된 생각에 휘둘리지 않게 됩니다. 그리고 궁극의 영원한 평온의 경지인 열반

에 도달하게 됩니다.

이제부터 《반야심경》의 후반부로 들어갑니다. 보리살타菩提薩埵는 앞서 이야기한 것처럼 '깨달음을 구하며 수행하는 구도자bodhi-sattva'를 뜻합니다. 또한, '가애罣碍'는 '덮는 것'이라는 의미로, '집착'을 뜻합니다. 가애가 사라지면 마음을 덮고 있던 고민도 사라지고, 마음이 맑아진다는 의미입니다. 고통의 근원은 바로 '집착'에 있음을 의미합니다.

그렇다면 마음을 옭아매는 속박이 사라진 것은 어떤 상태일까요?

계속 반복하지만, 결국 모든 집착과 고정관념을 내려놓는다는 것을 의미합니다. 또한, '열반涅槃'은 니르바나nirvāṇa의 음역으로, 모든 번뇌에서 벗어난 경지를 뜻합니다. 초기 불교의 경經 중 하나인 《우다나Udāna》에서는 열반을 '모든 것이 없는 장소'로 설명하고 있습니다. 예를 들면, '그곳에는 땅도 물도 불도 바람도 없으며, 공간의 증감도 없고, 아무것도 없다……'라는 식으로 모든 것을 부정형으로 표현합니다.

이 설명만 들으면 마치 죽음의 세계를 이야기하는 것처럼 느껴집니다. 하지만 이를 무한한 가능성이 있는 장소, 즉

제로(0)에서 시작하는 출발점으로 생각해 보면 어떨까요?

붓다는 이 세상을 구성하는 인과의 법칙은 바꿀 수 없기에 우리가 노력하여 자신의 마음 상태를 변화시키고, 그로 인해 삶의 고통을 극복해야 한다고 설했습니다.

그러나 대승불교는 붓다와는 다른 접근법을 취했습니다. 대승불교는 붓다와 같은 노력이 일반인에게 불가능하다고 보고, 자신을 변화시키기보다는 인과 자체를 변화시키는 방법을 모색했습니다. 그것이 바로 '이타利他'의 에너지를 통해 운명의 흐름을 바꾸는 방식입니다. 이를 '회향廻向'이라고도 합니다.

그중 대표적인 사례가 일본 나라奈良의 법륭사法隆寺에 있는 다마무시노즈시玉蟲厨子(7세기경 만들어진 불상을 모시는 불상궤)에 묘사된 '사신사호捨身飼虎' 이야기입니다.

이 이야기는 굶주린 호랑이에게 자신의 몸을 내어주는 극단적인 자기희생을 다룬 이야기로, 궁극적인 보시布施를 상징합니다.

하지만 여기서 중요한 점은 이타적 행위가 대가를 기대한다면, 그것은 이타가 아니라 이기利己가 된다는 것입니다.

이런 관점에서 보면 붓다가 자기 변화를 목적으로 수행

했던 것은 겉으로 보면 이기적인 행동처럼 보일 수도 있지만, 그 궁극적인 목표에는 이타가 포함되어 있다고 볼 수 있습니다.

#7

三世諸佛	삼세제불
依般若波羅蜜多故	의반야바라밀다고
得阿耨多羅三藐三菩提	득아뇩다라삼먁삼보리

과거, 현재, 미래를 통틀어 모든 부처님들은 지혜의 완성을 통해 최상의 올바른 깨달음을 얻으셨습니다.

여기서 '아뇩다라'는 '아눗따라anuttarā'의 음역으로 '이보다 더 없는'이라는 의미이며, '삼먁삼보리'는 '삼약삼보디 samyaksaṃbodhi'의 음역으로 '깨달음'을 의미합니다. 따라서 한자 자체에는 의미가 없으므로 독송할 때는 소리에만 주의하면 됩니다. 이것만 봐도 번역자 현장의 음사 능력은 대단합니다. 이 리듬감이 자아내는 분위기가 훌륭합니다. 게다가 하나의 구절에 '삼三(sam)'이라는 글자를 두 번 사용하는 등

시각적 구성력도 놀랍습니다.

불교 세계에서는 과거, 현재, 미래를 통틀어 많은 붓다가 있으며, 사람이 붓다가 되기 위한 조건은 반야바라밀다에 있다고 합니다. 그래서 《반야심경》을 독송하는 것이야말로 진정한 지혜를 얻는 지름길이라고 말하고 있습니다.

그런데 지혜를 얻는다는 것은 도대체 무엇을 이해했다는 것일까요? 한마디로 말하자면, 지금이라는 순간을 공간적, 시간적으로 있는 그대로 받아들이며 사는 것이 아닐까요? '있는 그대로'란 '모든 것을 통째로'라는 뜻이며, '지금'을 '영원'과 연결하는 것이라고 할 수 있습니다.

과거는 이미 지나간 것이라 존재하지 않고, 미래도 아직 오지 않았으니 존재하지 않습니다. 만약 있다면 이 순간뿐일 것입니다. 그런데 '순간'이라는 시간은 있을 틈이 없습니다. 순식간에 과거가 되어 존재하지 않게 되기 때문입니다. 어쩌면 끊이지 않고 나에게 다가오는 지금 이 '순간의 끝'이야말로 영원한 것일지도 모르겠습니다. 그렇기에 이 순간을 100% '있는 그대로 받아들이며' 살아가는 것이 중요합니다. 그것이 올바른 깨달음의 상태라고 할 수 있지 않을까요?

그 상태를 도겐道元 선사는 "불을 뿜는 지금"이라고 표현했습니다. 시간의 파도 끝에 서서 파도와 함께 움직이기 때문에 그곳에는 지나가는 시간이 존재하지 않고 영원하다는 것입니다. 도겐은 이것을 깨닫는 것이 중요하다고 말합니다.

| 깨닫는다는
| 것

첫 번째 별

넓고 넓은 하늘 속에
첫 번째 별은 어디에 있을까

첫 번째 별은 이미 오래전에
나를 발견하고 기다리고 있는데

첫 번째 별의 속눈썹은 이미
내 뺨에 닿아 있는데

넓고 넓은 하늘 속에
첫 번째 별은 어디 있을까

_마도 미치오

#8

故知 般若波羅蜜多	고지 반야바라밀다
是大神呪 是大明呪	시대신주 시대명주
是無上呪 是無等等呪	시무상주 시무등등주
能除一切苦	능제일체고
眞實不虛	진실불허

따라서 지혜의 완성을 알기 위해 이해해야 할 것은 반야바라밀다가 모든 것을 밝혀주는 위대한 진언眞言이라는 것입니다. 그것은 비교할 수 없는 최고의 진언이기 때문에 모든 고통을 제거할 수 있습니다. 또한, 전혀 거짓이 없기 때문에 진언입니다.

여기서 '주呪'라는 단어는 일본에서 '마법'이나 '저주'라는 의미로 사용되지만, 중국에서는 악마를 쫓아내거나, 반대로 신들을 불러들이는 의미가 있습니다. 산스크리트어로는 '만트라mantra'라고 합니다. 평범하게 표현하자면 '주문'이라고 번역할 수도 있습니다.

만트라는 원래 인도에서 베다 전통의 의식을 행할 때 소리 내어 읊는 문구를 의미합니다. 베다는 기원전 1,500년에서 500년경에 걸쳐 성립한 인도에서 가장 오래된 문헌으로, 브라만교의 근본 경전입니다. 베다는 리그베다, 사마베다, 야주르베다, 아타르바베다의 네 종류가 있습니다. 자연을 찬미하는 시 형태로 기록된 것입니다. 그중에서도 《리그베다 찬가》의 제10장, 129번 〈우주 탄생의 노래〉는 압권입니다.

> 그때(태초에) 무無도 없고, 유有도 없었다. 공간도 없고, 그 위의 하늘도 없었다. 무엇이 발동시켰고, 어디에, 누구의 보호 아래에 있었는가? 깊이를 잴 수 없는 물은 존재했을까? …… 그때는 죽음도 없고, 영생도 없었다. 밤과 낮의 징표(태양, 달, 별 등)도 없었다. 그 유일한 존재tad ekam는 스스로의 힘으로 바람 없이 호흡했다(생존의 징조). 이 외에는 아무것도 존재하지 않았다.
>
> _《리그베다 찬가》, 쓰지 나오시로辻直四郎 역

여기서 '따드 에깜tad ekam'은 우주의 근본 원리를 말합니다. "무도 없다"라는 번역의 원문 산스크리트어는 나사드 아시트nāsad āsit입니다. 그래서 이 노래를 '나사드 아시티아

찬가'라고도 합니다. '무도 없음'이라는 표현은 초기불교에도 계승되었다는 점을 엿볼 수 있습니다.

다시 본론으로 돌아와서, 이 진언의 이해가 모든 괴로움으로부터의 구원으로 연결됨을 이 부분의 《반야심경》은 전하고 있습니다.

#9

故說般若波羅蜜多呪	고설반야바라밀다주
卽說呪曰	즉설주왈
揭諦揭諦 婆羅揭諦	아제아제 바라아제
婆羅僧揭諦	바라승아제
菩提 娑婆訶	모지 사바하

반야바라밀다에서 진언은 다음과 같이 설해졌습니다.
아제아제 바라아제 바라승아제 모지 사바하
(갈 수 있는 자여, 갈 수 있는 자여, 저쪽으로 간 자여, 완벽하게 저쪽으로 건너간 자여, 깨달음이여, 행운이 있기를)

이렇게 《반야심경》의 마지막은 보이지 않는 힘을 믿고,

오직 독송하는 것에 의미가 있다고 설명합니다.

이는 J. L. 오스틴John Langshaw Austin(1911~1960)에 따르면, 앞에서 설명한 '발화효과perlocutionary force'를 의도한 것으로 볼 수 있습니다. 입으로 소리를 내는 행위 자체만으로도 힘을 만들어낼 수 있습니다. 어떤 행동을 시작할 때 기운을 북돋기 위해서 외치는 소리와 같습니다. 예를 들어, 옛날 승려들은 산악 수행에서 산에 오를 때 '육근청정六根淸淨'을 읊으며 오르곤 했다고 합니다.

여기서 육근이란 우리가 세상을 인식하는 시각, 청각, 후각, 미각, 촉각, 그리고 이 감각들을 느끼는 마음을 의미합니다. 옛 수행자들은 이 감각과 마음을 청정하게 하면서 산을 오른 것입니다. 일설에 따르면, 여기서 힘주려고 내는 "으라차차"라는 외침이 생겼다고도 합니다.

다시 《반야심경》의 이야기로 돌아와서, 진언의 한자 번역 "아제아제바라아제……" 부분은 전혀 의미가 없으므로, 소리에만 주목해서 독송하면 좋습니다. 산스크리트어 원문의 뜻은 "갈 수 있는 자여, 갈 수 있는 자여……"라는 내용이 됩니다. 초월적인 것에 대한 찬미의 말이며, 기독교의 "할렐루야"에 해당한다고 생각해도 좋습니다. 이렇게 생각하면,

경전 이름인 반야심경은 "아멘"에 해당한다고도 할 수 있습니다.

'아멘', 마리아에게 드리는 기도

Ave Maria, gratia plena,

Dominus tecum

benedicta tu in mulieribus

et benedictus fructus ventris tui Jesus

Sancta Maria mater Dei

ora pro nobis peccatoribus,

nunc, et in hora mortis nostrae.

Amen

은혜 가득하신 성모 마리아시여.
주님께서 당신과 함께 계십니다.

당신을 선택하시어 축복하시고,
당신의 아들 예수도 축복하셨습니다.
신의 어머니, 성모 마리아시여.
죄 많은 우리를 위해
지금도, 그리고 우리가 죽음을
맞이할 때도 기도해 주소서.
아멘

_저자의 의역

260자의 기도

모든 것을 아시는 고귀한 분에게 경배드립니다.

관음보살이 깊은 지혜에 대해 통찰한 결과, 존재하는 모든 것은 다섯 가지 요소로 구성되어 있다는 것을 깨달으셨습니다.

그러나 그 모든 것에는 실체가 없음을 통찰하셨습니다.

그로 인해 모든 고통에서 벗어날 수 있었습니다.

샤리뿌뜨라여, 명심하십시오.

우리는 물질적인 몸을 가지고 있으며, 그것을 떠나서는 존재할 수 없지만, 잘 생각해 보면, 그 본질은 '공空'입니다. 변하지 않는 물질적 실체는 없습니다. '공'은 '아무것도 없음'을 의미하는 것이 아니라, 아무것도 없기 때문에 모든 것을 창조할 수 있는 근원이라는 뜻입니다. 즉, 그곳에서 많은 현실이 창조된다는 뜻입니다. 따라서 물질적인 것이라고도 할 수 있습니다.

다시 말해, 물질적인 측면은 '공'의 표현 방식임을 알아야 합니다.

우리의 감각이나 마음의 작용도 이와 같습니다.

샤리뿌뜨라여, 명심하십시오.

모든 것은 '공'이기 때문에, 여러 가지가 생기거나 사라지는 것처럼 보이지만, 그 근원은 전혀 변하지 않습니다. 따라서 더럽혀지거나 깨끗해지는 것도 없으며, 증가하거나 감소하는 것도 외관상일 뿐, 근본적으로는 변하지 않는 것입니다.

그 깊은 곳에는 위대한 진리로서 진실만이 존재합니다. 따라서 샤리뿌뜨라여, 실체가 없다는 것은 감각기관에 의한 감각에서 마음의 작용에 이르기까지 절대적인 것은 아무것도 없다는 뜻입니다. 깨달음도 없고, 혼란도 없고, 노화도 죽음도 없으며, 그것들이 없다는 것은 그것들이 사라진다는 것도 없다는 의미입니다. 절대적인 고통도, 그 원인도 없습니다. 절대적인 지식이나 물건의 획득도 없습니다. 모든 것이 '공'이기 때문입니다. 이러한 의미에서 보면, 마음을 덮는 장애가 없다는 뜻이므로, 두려움이 사라지고, 잘못된 마음에서 멀리 떨어져,

고요한 평안 속으로 들어갈 수 있습니다.

과거, 현재, 미래에 계시는 깨달은 사람들은 모두 이러한 지혜에 도달하여 올바른 깨달음을 얻었습니다.

따라서, 사람은 알아야 합니다. 지혜의 완성을 이끄는 진언, 위대한 진언, 최고의 진언, 비교할 수 없는 진언, 그것은 모든 고통을 진정시키며, 거짓이 없으므로 진실임을!

그 진언은 다음과 같습니다.

"가떼 가떼 빠라가떼 빠라상가떼 보디 스바하"

(갈 수 있는 자여, 갈 수 있는 자여, 저쪽으로 간 자여, 완벽하게 저쪽으로 건넌 자여, 깨달음이여, 행운이 있기를)

이로써 지혜의 완성이 끝났습니다.

위의 내용을 더욱 압축해서 요약하자면, '우리는 감각기관을 통해 외부를 인식하고, 마음은 그 인식한 대상을 진짜처럼 짜맞추지만, 그 모든 것은 '공空'에서 생긴 환영 같은 것입니다. 이것을 깨닫게 되면 모든 고통에서 해방됩니다. 그러기 위해서는 오직 진언을 외우기만 하면 됩니다. 그렇게 하면 '공'의 궁극적 경지에 오를 수 있습니다. 그 진언은 '가떼 가떼 빠라가떼 빠라상가떼 보디 스바하'라고 정리할 수 있습니다.

이는 실로 '입으로 소리를 내어 발현하는 힘'입니다. 이 진언을 외워서 '공'의 경지에 들어가면, 불가사의한 힘이 솟아남을 《반야심경》은 전하고 있습니다.

《반야심경》에서는 왜 그렇게 되는지에 관한 언급은 없고, 단지 외우라고만 합니다. 그렇지만, 외우는 것과 외우지 않는 것은 여러분의 선택이며, 어떤 강제도 없습니다. 이는 타 종교와 달리 불교의 너그러운 면이기도 합니다.

《반야심경》의 구성은 매우 드라마틱합니다. 모든 것을 아는 전지자에게 경배하는 것으로 시작하여, 깨달은 관세음보살을 소개하고, 깨달음의 내용은 '일체가 공' 함을 꿰뚫어 보는 것임을 전하고 있습니다. 마지막은 진언을 가르쳐 주는 형태로 끝을 맺습니다. 진언 이전까지는 모두 서론입니다.

제 3 장

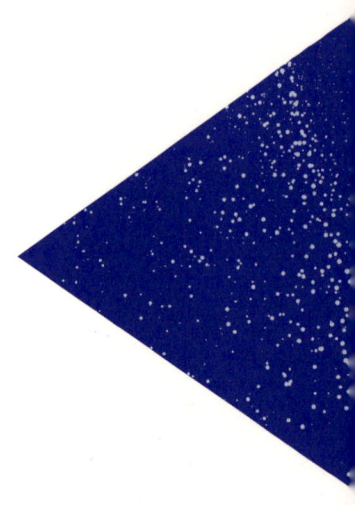

현대
우주론으로 본
《반야심경》

불꽃이 밤하늘에 아름다운 빛의 꽃을 피우는 순간은 관찰자에게 이미 과거의 사건입니다. 폭발한 지점에서 관측자에게 빛이 도달하기까지 시간이 걸리기 때문입니다.

빛으로 보는가, 소리로 듣는가에 따라 '지금'이라고 느끼는 순간이 달라집니다.

밤은 왜
존재하는가

최신 우주 연구 성과에 따르면, 우리가 사는 우주는 지금으로부터 138억 년 전, 한 점의 무한히 뜨겁고 눈부신 빛에서 탄생했다고 합니다. 과거 16세기에서 20세기 초반까지의 많은 천문학자들은 우주가 아득한 과거부터 변함없이 존재했으며 무한한 크기를 가지고 있다고 생각했습니다.

그 근거 중 하나는, 만약 별들이 일정한 범위 안에만 존재한다면 별들 사이에 작용하는 만유인력에 불균형이 발생하여 우주가 붕괴할 수 있다는 것이었습니다. 하지만 한편으로는 정말로 우주가 무한하고 별들이 끝없이 존재한다면 어두운 밤은 존재하지 않아야 하는 것 아니냐는 의문도 제기되었습니다. 이를 처음 생각해 낸 사람은 1744년 스위스의 천문학자 슈조Jean Phillipe Loys de Chéseaux(1718~1751)였습니다. 이는 그로부터 79년 후인 1823년에 독일의 천문학자 올베르스Heinrich Wilhelm Matthäus Olbers(1758~1840)에 의해 공식화

되었습니다. 이것이 바로 '올베르스의 역설Olbers' paradox'입니다.

무한히 넓은 숲을 상상해 봅시다. 가까이에 있는 나무 사이로 조금 더 멀리 있는 나무가 보이고, 그 너머로는 더 먼 나무들이 보입니다. 만약 숲이 무한히 넓다면 주변은 온통 나무뿐이어서 숲 밖의 풍경은 보이지 않을 것입니다. 여기서 나무를 별로 바꿔 생각해 본다면, 별은 우주를 가득 채워서 하늘 전체가 태양 표면처럼 밝게 빛나야 합니다.

각각의 별들이 태양과 비슷한 밝기를 지녔다고 가정하면 하늘 전체는 약 10만 개 태양의 밝기로 빛나는 것과 마찬가지가 됩니다. 그러나 현실은 어두운 밤이 존재합니다. 왜 그럴까요? 그 이유 중 하나로 꼽히는 것이 우주의 크기가 무한하지 않고 유한하다는 생각입니다. 앞서 예를 든 숲으로 설명하자면, 숲의 크기가 적당히 유한하기 때문에 멀리 있는 나무와 나무 사이에 나무가 없는 풍경, 즉 숲 바깥의 풍경이 보인다는 것입니다.

그 후 미국의 천문학자 허블Edwin Powell Hubble(1889~1953)과 슬라이퍼Vesto Melvin Slipher(1875~1969)의 관측으로 멀리 보이는 은하가 우리의 은하계에서 멀어져 가는 것을 발견했습니다. 그 측정 데이터를 바탕으로 벨기에의 천문학자이며 천주교 신부였던 르메트르Georges-Henri Lemaître(1894~1966), 그리고 허블의 후속 연구로 우주가 팽창하고 있음을 알게 되었습니다. 이 놀라운 발견은 1929년의 일이었습니다.

우주가 팽창하고 있다면 시간을 거슬러 올라갈수록 우주는 작아지고 결국 하나의 점으로 수렴하게 됩니다. 이것은 어두운 밤이 존재하는 현상을 설명하는 데 매우 합리적인 가설이 되었습니다. 우주가 팽창하면 멀리서 오는 별빛은 점점 약해지고, 과거부터 별들이 계속 존재했던 것이 아니므로 밤하늘이 어두운 이유가 자연스럽게 설명됩니다.

그리고 1965년 미국의 전파천문학자인 펜지어스Arno Allan Penzias(1933~2024)와 윌슨Robert Woodrow Wilson(1936~)은 빅뱅 직후 폭발적 팽창의 흔적을 발견했습니다. 이로써 우주의 탄생에 시작점이 있었다는 사실이 밝혀졌습니다. 이것이 바로 '빅뱅'에 의한 우주의 탄생입니다.

이처럼 우주에 '시작'이 있었다고 한다면, 이 세계의 모든 것은 근원을 거슬러 올라가면 서로 연결되어 있으며 독립적으로 존재하는 것이 아님을 알 수 있습니다. 모든 것은 '연기緣起'의 관계 속에 있으며, 결국 '공空'이라는 뜻이 됩니다.

그런데 이 우주의 팽창에는 특징이 있습니다. 그것은 지구에서 볼 때 멀리 떨어진 은하일수록 더 빠른 속도로 멀어지고 있다는 점입니다. 이를 '허블의 법칙Hubble's law'이라고 부릅니다. 쉽게 설명하면, 이차원의 세계에서 풍선 표면에 일정 간격으로 점을 찍고 부풀리면 어느 점에서 주위를 바라보더라도 모든 점이 서로 멀어지는 것처럼 보이는 현상과 같습니다. 따라서 허블의 법칙이 성립하는 세계에서는 어디가 팽창의 중심인지 특정할 수 없으며 어디가 우주의 끝인지도 특정할 수 없습니다. 팽창을 관측하고 있는 지점 자체가 팽창의 중심이며 동시에 세계의 끝이라고 생각해도 문제가 없다는 것입니다. 달리 말하면 고정된 중심적 자아란 없으며 모든 것이 서로 관계 속에서만 존재한다는 의미에서 불교에서 말하는 '제법무아諸法無我'와 통한다고 할 수 있습니다.

빛에서
태어나는 것

무한히 뜨겁고 눈부신 한 점의 빛에서 탄생한 우주는 엄청난 속도로 팽창하면서 점차 식어갑니다. 마치 목욕탕의 따뜻한 수증기가 차가운 유리창에 닿아 물방울이 되는 것과 같은 원리입니다.

우주가 탄생할 때 제일 먼저 형성된 것은 가장 간단한 구조를 가진 수소 원자였습니다. 이 수소 원자들은 모여서 거대한 수소 구름을 형성합니다. 구름 덩어리가 점점 커질수록 중심부의 압력이 높아져 온도가 상승하고, 결국 수소가 핵융합 반응을 일으켜 헬륨을 생성합니다. 이 과정에서 에너지가 발생하게 되는데, 별은 이렇게 탄생합니다. 우리의 태양이 빛을 내는 원리도 이와 같습니다. 수소가 고갈되고 헬륨의 양이 늘어나면, 그로부터 탄소가 합성되고, 나아가 질소, 산소 등의 원소가 합성됩니다. 그렇게 철 원소가 만들어지면, 철은 열을 빨아들이는 작용이 있기 때문에 핵융합 반응이 멈추게 됩니다.

그 결과 별의 중심부에서 바깥쪽을 향해 지탱하는 내부 압력이 사라지게 됩니다. 그러면 별이 수축하면서 온도가 치솟고, 대폭발을 일으키며 우주 공간으로 흩어집니다. 이것이 바로 '초신성 폭발'입니다.

이렇게 우주 공간에 흩어진 별의 파편들이 모여 태양이 생겨나고, 지구가 만들어지며, 생명이 탄생합니다. 빅뱅에 의한 우주 탄생부터 우리의 생명 탄생에 이르기까지 모든 것이 기본 입자들의 결합과 분리라는 장대한 우주 드라마로 이루어져 있습니다. 우주는 단 한 순간도 움직임을 멈추지 않고 끊임없이 변화하고 있습니다. 그래서 '제행무상諸行無常'입니다.

우리 몸을 구성하는 주요 성분은 탄소입니다. 나무도 동물도 우리도 불에 타면 검은 탄소가 됩니다. 수분이 빠져나가 탄화炭化되기 때문입니다. 또한 생물에게 가장 중요한 유전 정보는 아데닌(A), 티민(T), 구아닌(G), 사이토신(C)의 네 가지 염기로 구성되어 있는데, 이 모든 분자의 주요 원소는 탄소입니다. 이 탄소들은 예외 없이 별이 빛나는 과정에서 합성된 것입니다. 그리고 그 탄소들은 세균이나 식물, 동물을 만들고 나서 '인연이 닿아' 우리 몸 안으로 들어오게 된 것입니다.

우리에게도 탄생과 종말이 있으며, 모든 것은 변화의 연속입니다. 원자와 분자 수준에서 보면 그것은 결합과 분리의 과정입니다. 우리의 인생도 변화가 있기에 새롭게 태어날 수 있고, 고통이 즐거움으로 바뀔 수 있으며, 풍요로운 삶도 만들어낼 수 있습니다.

'제행무상'은 모든 것이 덧없고 허망하다는 의미가 아니라, 부모가 어린아이의 성장을 기쁘게 바라보는 것과 같은 희망을 담고 있습니다. 이러한 관점에서 우주를 바라보면, 불교 사상에 기반한 우주관과 최신 과학에 기반한 우주관 사이에는 많은 공통점이 있다고 생각합니다.

물질의
생성과 '진동'

모든 물질은 분자로 구성되어 있습니다. 분자란 물질의 성질을 가진 최소 단위를 의미합니다. 물을 예로 들면, 물 분자는 두 개의 수소 원자와 하나의 산소 원자로 구성된 화합물입니다. 분자식으로 쓰면 H_2O로, 이렇듯 원자들이 모여 분자를 이룬 것입니다. 분자들이 물질을 구성하는 과정에서 빠질 수 없는 현상이 원자들 사이에서 이루어지는 전자의 교환입니다. 각각의 원자, 분자가 자신의 전자와 상대의 전자를 교환하면서 결합합니다. 즉, 상호 의존적입니다.

또한, 원자의 중심에 있는 원자핵도 양성자, 중성자 등의 기본 입자들의 집합체입니다. 이러한 기본 입자들도 서로 파이 중간자pi meson라는 입자를 방출하고 흡수하면서 형태를 변화시켜 결합합니다. 마치 서로 캐치볼을 하는 듯한 풍경입니다. 조금 전문적으로 설명하자면, 플러스 전기를 띤 양성자는 플러스 전기를 띤 파이 중간자를 방출하여 전기를 띠지 않는 중성자로 변하고, 그 옆에 있는 다른 중성자는 파이 중간자를 흡수하여 플러스 전기를 띤 양성자로 변합니다.

이러한 사실을 '중간자 이론'이라고 부르며 처음으로 예측한 사람은 일본의 유카와 히데키湯川秀樹(1907~1981) 박사였습니다. 유카와 박사는 1934년 중간자 이론을 제시했고, 1947년에 그 입자의 존재가 확인되어 1949년 일본인 최초로 노벨 물리학상을 받았습니다.

우리가 보고 있는 모든 물질은 미시적 관점에서 보면 항상 형태가 변화하며, 같은 형태로 머물지 않고, '진동'하면서 전체의 형태를 유지하고 있습니다. 또한, 열에너지는 이러한 입자들의 진동으로 발생하는 에너지입니다. 얼음이 녹아 물이 되는 것은 공기 중에 있는 질소나 산소 분자가 얼음과 충돌하거나, 태양열 등의 방사 에너지가 얼음 속 물 분자에 에너지를 주어 물 분자 간의 결합을 약화시키는 현상입니다. 더 나아가 외부에서 에너지 공급을 증가시키면 느슨하게 결합된 물 분자의 사슬도 끊어져 수증기가 됩니다.

이처럼 모든 자연 현상은 흔들리며 형태를 변화시킵니다. 실로 '제행무상諸行無常'입니다. 게다가 개별 분자들에는 이름이 없습니다. 태양 속에 있는 수소도, 우리 몸에 포함된 물을 만드는 수소 원자도 완전히 똑같은 물질이며, 성질상의 차이는 없습니다. 단지 있는 곳이 다를 뿐, 태양이 된 수소와 생명을 만든 수소가 전혀 다르지 않다는 사실이 참으로 놀랍습니다. 이러한 사실도 '연기緣起'로 연결된 '제법무아諸法無我'의 가르침과 일맥상통합니다. 또 한 가지 신비로운 현상으로, 우주 공간에서는 빛으로부터 마이너스 전기를 띤 전자와 플러스 전기를 띤 양전자 쌍이 생성되거나(쌍생성), 반대로 전자와 양전자가 결합하여 빛이 되어 사라지기도 합니다(쌍소멸).

이러한 연구 과정은 다음과 같은 사실을 우리에게 알려 줍니다. 이론적으로 진공 상태는 완전히 빈 것이 아니라 에너지가 매우 낮은 상태를 말합니다. 이때 높은 에너지를 가진 빛이 진공의 바닷속으로 들어오면 전자를 방출하게 됩니다. 그렇게 전자가 빠져나간 빈자리가 현실 세계의 양전자가 된다고 생각하면 모든 것을 깔끔하게 설명할 수 있게 됩니다. 덧붙여 설명하자면, 진공 속에 생긴 아주 작은 구멍이 현실의 입자처럼 행동한다는 의미입니다. 이 입자를 이용한 암 검진이 PET(Positron Emission Tomography, 양전자 방출 단층 촬영)입니다. 이처럼 우리를 둘러싼 이 세계는 눈이 어지러울 만큼 빠른 변화로 이루어져 있습니다.

구체적이지도 않고
추상적이지도 않은

숲속 나뭇잎 사이로 새어 나오는 햇살은 바큇살처럼 사방으로 뻗어 있는 듯 보입니다. 눈을 가늘게 뜨고 밤에 가로등 빛을 보아도 마찬가지로 빛은 주변으로 넓게 퍼져 있습니다. 그 광경은 방파제 틈새로 들어오는 파도가 주위로 퍼지는 모습과 매우 흡사합니다.

두 장의 얇은 커튼이 겹쳐 있으면, 햇살이 비치는 커튼에 신기한 줄무늬 패턴이 보입니다. 커튼이 바람에 흔들리게 되면 줄무늬가 오로라처럼 흔들려서 매우 아름답습니다. 이것은 '회절현상回折現象'이라고 하며, 파동이 장애물 주위를 돌아가거나 작은 구멍을 통과할 때 휘어지면서 퍼지는 특이한 현상입니다.

이 현상을 통해 빛은 파동의 성질을 가지고 있음을 알 수 있습니다. 빛의 파장을 측정하려면 빛을 분석하는 광학 장치인 회절격자回折格子의 가는 틈새를 통과하는 줄무늬를 관찰하면 됩니다. 눈에 보이는 빨간색에서 보라색까지의 빛은 파장이 약 $0.00077mm$에서 $0.00038mm$ 사이입니다.

그런데 어떤 한 점에서 발생한 파동은 그 주위에 동심원을 그리며 퍼져나갑니다. 수면에 작은 돌을 던졌을 때의 모습과 흡사합니다.

이때 파동은 거리의 제곱에 반비례하여 약해지면서 퍼져나갑니다. 거리가 두 배가 되면 파동의 세기는 4분의 1로, 세 배가 되면 9분의 1로 줄어든다는 뜻입니다. 거리가 멀어질수록 빛의 세기가 약해져서 빛을 볼 수 없게 됩니다. 이를 바탕으로 지구에서 태양이 보이지 않게 되는 거리를 계산해 보면, 놀랍게도 0.2광년의 거리가 나옵니다. 이 말은 너그럽게 보더라도 1광년 이상 떨어진 거리에 있는 항성은 거의 보이지 않아야 한다는 결론이 나옵니다. 그런데 우리는 수백 광년 저편에 있는 항성의 빛을 볼 수 있습니다. 이를테면 겨울 밤하늘을 장식하는 오리온자리 별들은 모두 지구에서 수백 광년 떨어져 있습니다.

이 사실은 빛이 파동이 아님을 보여줍니다. 먼 우주 공간을 여행해서 빛이 지구까지 오려면, 작은 공간에 에너지가 가두어져 있는 형태의 입자여야 합니다. 한마디로 빛은 파동의 성질과 입자의 성질을 모두 지닌 매우 불가사의한 존재인 것입니다. 도대체 빛은 무엇일까요?

이 의문은 근대 과학이 싹텄을 때부터의 최대 과제 중 하나로, 수백 년 동안 과학자들을 괴롭혀 온 난제였습니다. 이 질문에 하나의 해답을 제시한 것이 20세기 초반에 탄생한 물리학의 새로운 분야, 양자역학입니다.

양자역학에 따르면 빛은 빛 그 자체이며, 파동도 아니고 입자도 아니라고 합니다. 나뭇잎 사이로 빛을 보거나 밤하늘을 올려다보는 등 빛은 어떤 상황에서 마주하느냐에 따라서 파동, 또는 입자처럼 보인다는 것입니다.

빛은 고정되어 변하지 않는 실체로서 존재하지 않습니다. 덧붙여 설명하자면, 빛의 본성이란 추상적인 수학 속에서만 표현할 수 있는 무언가이며, 그것을 보려고 하는 관측자에 의해 어떻게든 모습을 바꾸어 현실 세계에 나타나는 신비한 존재입니다. 이것을 빛의 이중성이라고 합니다.

이는 보는 방법에 따라 상대의 모습이 바뀐다는 뜻입니다. '불확정성 원리' 등으로 불리는 이 자연계의 성질은 '색즉시공', '공즉시색'의 다른 표현이라고도 할 수 있을 것입니다.

타고르(T)와 아인슈타인(E)의 대화에서

T 이 세계는 인간의 세계입니다. 세계에 대한 과학 이론도 과학자의 관점에 지나지 않습니다.

E 그러나 진리는 인간과 무관하게 존재하지 않을까요? 예를 들어, 내가 보지 않아도 달은 분명히 존재합니다.

T 맞습니다. 그러나 달은 당신의 의식에 없더라도 다른 사람의 의식에는 존재합니다. 달이 인간의 의식 속에서만 존재한다는 점에서는 마찬가지입니다.

E 나는 인간을 초월한 객관성이 존재한다고 믿습니다. 피타고라스의 정리는 인간의 존재와는 무관하게 존재하는 진리입니다.

T 과학은 달도 수많은 원자가 모여서 이루어진 현상임을 증명했습니다. 그러나 그 천체에 빛과 어둠의 신

비를 볼지, 아니면 수많은 원자를 볼지는 인간의 결정에 달렸습니다. 만약 인간의 의식이 달이라고 느끼지 않게 되면, 그것은 달이 아닌 게 됩니다.

이 대화는 인도의 시인이자 사상가인 타고르Rabindranath Tagore(1861~1941)가 1930년 아인슈타인Albert Einstein(1879~1955)의 별장에 방문했을 때 나눈 대화의 일부입니다.

대화에서 타고르는 "존재한다는 것은 인식되는 것이다"라는 버클리George Berkeley(1685~1753)의 이론을 빌려 말했고, 아인슈타인은 "존재하지만 인식되지 않는 것도 있다"라는 대조적인 대답을 제시한 점이 흥미롭습니다.

이 문제는 이후 양자역학을 둘러싼 보어Niels Henrik David Bohr(1885~1962)와 아인슈타인 간의 논쟁으로 발전했으며, 현재까지도 결론이 나지 않았습니다. 진정 우리가 보고 있는 것은 무엇일까요? 시인이자 동화작가이며, 젊은 나이에 세상을 떠난 미야자와 겐지宮沢賢治(1896~1933)도 〈월천자月天子〉라는 시에서 이와 같은 논제를 논리적으로 서술하고 있습니다. 시는 과학의 시각이 종교의 세계와 대립하지 않음을 이야기합니다. 불교 신도였던 그는 병약했기에 종교적 마음이 과학과 모순되지 않음을 확신하고 싶었던 것일지도 모릅니다. 〈월천자月天子〉의 강렬함은 타고르와 아인슈타인의 대화를 뛰어넘는 깊은 감동을 줍니다.

월천자月天子

나는 어릴 적부터
여러 잡지와 신문에서
수많은 달 사진을 보았다.
그 표면은 울퉁불퉁한 분화구로 덮여 있었고,
그곳에 햇빛이 비치는 모습도 뚜렷이 보았다.
그 후, 그곳이 매우 차갑고
공기가 없다는 사실도 배웠다.
또한 나는 세 번 정도 월식을 보았다.
지구의 그림자가 달에 비치고
미끄러지듯 지나가는 모습을 뚜렷이 보았다.
다음으로, 그것이 아마도 지구에서 떨어져 나왔을지도 모르며
마지막으로 벼농사 기후에 관해 알게 되었다.
모리오카 날씨관측소의 내 친구는
밀리미터 단위의 작은 망원경으로
그 천체를 보여주었다.
또한 그 궤도와 운동이
간단한 공식에 따라 움직인다는 것을 가르쳐주었다.
그러나 오오!

내가 그 천체를 '월천자月天子'라 부르며 경배하기에는

결코 아무런 장애도 없다.

만약 사람은 몸이라고 한다면,

그것은 잘못된 것이다.

그렇다고 해서 사람은

몸과 마음이라고 한다면,

이 또한 잘못된 것이다.

그렇다고 해서 사람은 마음이라고 한다면,

역시 잘못된 것이다.

따라서 내가 달을 '월천자'라 부른다 해도,

이는 단순한 의인화가 아니다.

_ 미야자와 겐지의 수첩에서 발췌, 1931년 11월 6일,
병 때문에 식사를 제대로 할 수 없었던 시기의 글

바람에서
태어난 우주

눈에는 보이지 않지만, 분명히 존재하는 것. 바람은 예로부터 많은 이의 마음을 사로잡은 신비로운 존재였습니다. 아마도 인간 생존에 꼭 필요한 호흡이 바람과 관련 있다고 생각했기 때문일 것입니다.

그리스어 '프네우마pneuma'는 생명의 원리를 의미하지만, 그 어원은 'pneo(πνέω)'로 '불다'라는 뜻을 지녔기 때문에 내쉬는 숨, 바람의 의미를 내포하고 있다고 해도 틀린 해석은 아닙니다. 그리고 산스크리트어 '아트만ātman'은 인도철학에 있어서 우주 근원 원리를 의미하는 '브라흐만brahman'과 합일하는 자아를 뜻하지만, 여기서 파생되었다고 여겨지는 독일어 '호흡하다'가 '아트멘atmen'이라는 점도 흥미롭습니다. 이처럼 바람은 호흡과 깊이 연결되어 생명 그 자체를 나타내는 개념입니다.

바람은 '촉각'뿐만 아니라, 보이지 않는 '소리'를 통해서도 인지됩니다. 사람들은 예부터 상상의 나래를 펼치며 바람을 표현했습니다. 프랑스 철학자이자 시인인 가스통 바슐라르Gaston Bachelard(1884~1962)는 "바람 속에 누군가 있다"라고 말했고, 미야자와 겐지는 "쿵쿵쿵 (거세게) 불어서" 등의 문장으로 바람의 표현 속에 인간미를 담아냈습니다. 이처럼 바람은 보이지 않으면서도 생명체의 분위기를 풍기는 기묘한 존재입니다.

지금부터 약 3,000년 전에 집필된 인도 문헌 《리그베다》 제10권 129장 〈우주 탄생의 노래〉는 "그때 무無도 없었고, 유有도 없었다"라는 충격적인 내용으로 시작합니다. 그리고 "그때 죽음도 영생도 태양도 달도 별도 없었다"라는 내용으로 이어지며 "그 유일물唯一物(우주의 근본 원리)은 스스로의 힘으로 바람 없이 호흡하였다"라고 쓰여 있습니다. 태초에 호흡이 있었고, 호흡에서 바람이 탄생했다는 의미를 담고 있는 말입니다.

현대 우주론의 '양자 요동(진공에서 입자와 에너지가 생성·소멸하는 현상)'을 호흡이라고 가정한다면, 바람은 빅뱅에 해당한다고 비유할 수 있습니다. 공기 흐름의 요동, 별빛의 밝기 요동, 우주에서 쏟아지는 방사선의 요동, 심지어 평상시 인간의 호흡과 심장의 요동까지 동일한 수학적 패턴을 보이는 것도 우리가 바람에서 태어난 이 우주의 일부임을 증명하는 증거라 하겠습니다.

우주의 공정함
속에서

밤하늘에 빛의 연필로 선을 긋듯 스치는 별똥별은 해마다 볼 수 있는 현상이지만, 그 빛의 향연은 우리에게 특별한 아름다움을 선사합니다. 별똥별은 혜성의 꼬리가 흩뿌린 수 밀리미터 크기의 파편과 초속 30km의 빠른 속도로 공전하는 지구가 정면으로 충돌할 때 발생합니다. 파편 역시 움직이므로 대기권 진입 시 상대속도는 초속 수십 킬로미터에 달합니다. 이때 공기 마찰로 인해 고온에서 빛을 내며 타버립니다.

매년 8월 중순이면 페르세우스자리 유성군이 화제가 됩니다. 이 유성군이 페르세우스자리에서 쏟아져 나오는 것처럼 보이는 이유는, 자동차가 눈 내리는 길을 달릴 때 눈송이가 전방 중앙의 한 점에서 퍼져 나가는 것처럼 보이는 원리와 같습니다. 지구가 유성의 파편 사이로 움직일 때 그 진행 방향에 페르세우스자리가 위치해 있기 때문입니다.

하지만 가끔 더 큰 천체가 지구를 향해 돌진해 올 때가 있습니다.

2013년 2월 15일, 러시아 첼랴빈스크 상공 15~25km 지점에서 지름 약 20m, 무게 약 1만 톤의 운석이 폭발했고, 그로 인한 섬광과 충격파로 1,500여 명이 다친 사건은 아직도 기억에 생생합니다. 히로시마 원자폭탄의 30배 이상의 에너지였기에 도심에 떨어졌다면 역사를 바꿀 대참사가 벌어졌을 것입니다.

1908년에는 지름 60m의 천체가 러시아 퉁구스카 상공에서 공중폭발해 히로시마 원자폭탄 수백 배에 달하는 에너지가 발생하여 도쿄 23구區 면적에 해당하는 숲이 초토화되었습니다. 또한 6,500만 년 전에는 지름 10~15km의 소행성이 멕시코 유카탄반도와 충돌해 공룡의 멸종을 초래했으며, 현재도 지름 160km의 충돌 흔적이 남아있습니다.

이러한 위기 속에서 2017년 전 세계 연구자들이 일본 과학미래관에 모여 제5회 지구방어회의PDC를 개최, 천체 충돌 대응 방안을 논의했습니다.

현재 발견된 지구 근접 천체는 약 1만 5천 개입니다. 인류가 살아남기를 원한다면, 지금이야말로 전 세계가 가족처럼 단결해야 할 때입니다. 하지만 아이러니하게도, 지구에 생명을 불어넣어 준 계기도 소행성 충돌 덕분일 수 있습니다. 우주는 창조와 파괴의 이중성을 지닌 모순적 존재입니다. 현대는 창조와 파괴 사이에 존재하는 우주의 무시무시한 공정성 속에서 어떤 삶을 살아야 할지 고민하는 시대라 하겠습니다.

아름다움의
본질

사람마다 아름답다고 느끼는 대상은 다르겠지만, 졸졸 흐르는 시냇물 소리나 반짝이는 별빛을 보면 아무 조건 없이 아름답다고 느끼는 분들이 많을 것입니다.

인간의 뇌는 '변화하는 것'에 민감하게 반응하는 특징이 있습니다. 호텔 같은 낯선 곳에서 잠을 잘 때 냉장고에서 나는 '지잉' 하는 소리가 처음에는 신경 쓰이지만, 시간이 지나면 익숙해져서 더는 신경 쓰지 않게 됩니다. 오히려 그 소리가 갑자기 멈추면 오히려 더 신경 쓰이곤 합니다.

인간의 뇌는 변화하지 않는 자극에는 익숙해져서 무감각해집니다. 같은 향수를 계속 사용하면 그 냄새를 느끼지 못해 더 많이 뿌리게 되는 것도 이러한 뇌의 메커니즘 때문입니다.

한편, 만물을 구성하는 원자는 매우 작은 입자이지만, 더 작은 입자들을 주고받으며 방출하거나 서로 형태를 바꾸면서 분자를 형성합니다. 자연계에 정지 상태는 없으며, 모든 것은 '진동'을 통해 존재합니다. 인간의 뇌도 예외는 아니어서, 뇌세포 안 분자의 흔들림을 통해 형태, 소리, 냄새와 같은 자극의 변화를 민감하게 감지합니다.

흔들림과 관련된 흥미로운 일화도 있습니다. 과학계에서 이족보행 로봇 연구가 시작되었을 때, 정확히 걷도록 프로그래밍했지만 로봇은 걷지 못했습니다. 그런데 관절 나사에 약간의 여유를 주어 흔들리게 하자 두 다리로 걸을 수 있게 되었습니다. 로봇에게도 흔들림이 필요했던 것입니다.

자연계에서 흔히 볼 수 있는 '흔들림'은 절반은 예측 가능하고 절반은 예측 불가능한 성질을 가집니다. 이를 '1/f의 진동 법칙'이라고 합니다. 주파수와 진폭 간의 비례 관계를 따르는 자연적 변동 패턴을 나타낸 것입니다. 예를 들어 자연계의 바람은 선풍기처럼 일정하지 않습니다. 바람이 불지 않을 것 같으면 불고, 불 것 같으면 불지 않는 등 예측 확률이 반반입니다.

앞서 언급한 시냇물 소리나 별빛의 반짝임도 같은 유형의 흔들림을 보입니다. 최근 연구에 따르면, 우리의 뇌는 이러한 '흔들림' 자극에 반응하여 뇌 자체의 흔들림과 공명하게 되면 편안함과 아름다움을 느낀다고 합니다.

절반은 예측 가능하고 절반은 예측 불가능하다는 것은 삶에서도 중요한 요소입니다. 내일을 전혀 예측할 수 없다면 두려워서 살 수 없겠지만, 반대로 내일 일어날 모든 일을 알게 된다면 그 역시 두려워서 살 수 없을 것입니다. 오늘 돈이 없더라도 내일이 월급날이라면 힘을 낼 수 있지만, 내일 몇 시 몇 분에 큰 사고가 날 것을 미리 안다면 두려움 속에서 살아갈 수밖에 없습니다.

이런 불확실성이 있기 때문에 모든 것이 존재할 수 있고 생명체도 존재할 수 있습니다. 절반은 예측 가능하고 절반은 예측 불가능하다는 것은 우리가 살아가기 위해 자연계가 마련한 중요한 속성이라 할 수 있습니다.

현실과 인식의 경계에서

우리는 시각·청각·미각·후각·촉각이라는 다섯 감각기관으로 외부 세계와 접촉합니다. 예를 들어 현재 눈앞에서 벌어지는 불꽃놀이 광경을 상상해 봅시다.

불꽃이 밤하늘에 아름다운 빛의 꽃을 피우는 순간은 관찰자에게 이미 과거의 사건입니다. 폭발한 지점에서 관측자에게 빛이 도달하기까지 시간이 걸리기 때문입니다. 잠시 후 '쿵' 하는 폭발음이 들리는 것도 같은 이유입니다. 빛의 속도와 음속 차이에서 비롯된 현상입니다. 빛으로 보느냐, 소리로 듣느냐에 따라 '지금'이라고 느끼는 순간이 달라집니다.

눈앞에서 일어나는 일조차 실제로는 모두 과거의 사건입니다. 사건에서 발생한 빛이 망막을 자극해 전기신호로 변환되고, 이 신호가 시신경을 거쳐 뇌에 도달하는 데 약 0.17초가 소요됩니다. 소리의 인지는 약 0.13초로 더 빠릅니다. 따라서 빛과 소리가 동시 발생했을 때 소리가 0.04초 먼저 인지됩니다. 특히 어둠 속 빛 인지에는 추가 시간이 걸려 오차가 더 커지지만, 인간 뇌는 이를 '동시同時'로 인식합니다. 이것이 바로 '동시성의 창' 현상입니다.

이러한 현상으로 미루어 짐작해 보면 어떤 사건이 물리적으로 동시에 발생해도 개인별 인식 차이가 발생하며, 객관적 동시성은 존재하지 않습니다. 극단적으로 말하면 우리가 느끼는 '지금'은 일종의 '환영'입니다. 달과 오리온자리를 동시에 본다고 해도 달은 1초 전 모습, 오리온은 수백 년 전 모습을 보는 셈입니다.

실험에서 빛을 1회 깜빡이고 소리를 2회 내면, 대부분의 실험 참가자는 "빛 2회, 소리 2회"로 답합니다. 이는 뇌가 임의로 사건을 조화시키기 때문입니다. 우리는 정상적인 인식 속에서도 '없는 것을 보는' 경우가 있습니다. 이것이 뇌의 특성입니다.

이처럼 현실과 의식 사이에는 '틈'이 존재하며, 뇌는 이를 끊임없이 수정하여 일관된 서사를 구성합니다. 뇌는 시간의 흐름 자체를 창조합니다. 이것이 '오온개공五蘊皆空'이며, 따라서 '수상행식受想行識'을 비롯해 '불생불멸不生不滅', '불구부정不垢不淨', '무안이비설신의無眼耳鼻舌身意', '무색성향미촉법無色聲香味觸法', '무안계내지무의식계無眼界乃至無意識界'이므로 "모든 것이 '공空'하다"라고 이어집니다.

'환영' 속의
현실

앞에서 파동과 입자의 두 가지 성질을 지닌 빛의 이중성에 관해 언급했습니다. 연구를 통해, 빛뿐만 아니라 원자를 구성하는 양성자, 중성자, 전자 등 소립자라고 불리는 입자 역시 조건에 따라 파도처럼 움직인다는 사실이 밝혀졌습니다.

이러한 미시 세계를 다루는 양자역학에서는 이들 입자의 행동을 수학적 가상 함수인 파동함수로 설명합니다. 이 함수는 실재하는 것이 아니라 눈에 보이지 않는 추상적인 수학 세계에 존재합니다.

예를 들어 하나의 전자 파동함수는 전 우주에 퍼져 있습니다. 그러나 전자의 존재를 확인하기 위해 빛을 쏘거나 다른 입자와 충돌시키면 파동함수가 수축하여 특정 위치에 머무르게 됩니다. 전문 용어로는 국소화局所化라고 합니다. 이때 특정 위치에서의 존재 확률을 계산할 수 있으며, 이는 실험 결과와 정확히 일치하므로 현실에서 일어난 일로 인정할 수 있습니다. 왜 이런 현상이 발생하는지는 아직 명확히 밝혀지지 않았습니다. 그저 실체 없는 파동함수라는 옷을 입은 전자가 측정이라는 관측 행위와 만나면 어렴풋하게 모습을 드러내는 것처럼 보일 뿐입니다.

일본 헤이안 시대平安時代(794~1185)에 만들어진 옛 시선집詩選集인 《고금와카집古今和歌集》에는 기노 쓰라유키紀貫之(872~945)가 쓴 다음과 같은 시가 있습니다.

그대가 오시던 시간이라
그리워하며 기다리다 보니
황혼의 어스름 속에서
어렴풋이 그대의 환영幻影만이 보이는구나

애타게 임을 기다려 보지만, 해 질 녘 보이는 것은 기억 속 흐릿한 연인의 모습뿐이라는 내용입니다.

현실은 순간의 연속으로 빠르게 지나가지만, '환영'은 과거에서 미래로 이어지는 시간을 늦추려는 듯 끌어당깁니다. 환영이란 '끊임없이 변하는 무상無常'에 대비되는 '영원한 세상'을 투영하려는 심정을 나타낸 것 같습니다. 혹은 '공허空

虛'와 '현실'을 잇는 다리와 같은 것일지도 모르겠습니다.

공허는 중심이 없는 것을 의미합니다. 공허에서 변화가 생기고, 변화의 흐름은 순간순간 다르게 비칩니다. 이렇게 투영된 실체 아닌 무엇은 '환영'이 됩니다. 모든 것이 변하고[無常], 상호 의존[緣起]한다면, '없음'과 '있음'을 잇는 '연기緣起'가 황혼의 빛처럼 흐려진 것이 '환영'일지도 모릅니다. 세상은 대립하는 것들의 균형 속에서 존재합니다. 빛과 그림자, 음과 양, 겉과 속 같은 보완적인 상호의존 관계로 이루어져 있습니다.

아주 작은 미시 세계를 다루는 양자역학은 실수實數(수학의 실제 값)의 표면 세계와 허수虛數(제곱하여 음수가 되는 수)의 그림자 세계를 결합한 수학으로 구성됩니다. 《반야심경》이 추구하는 진언眞言도 형체 없는 소리로 현실을 창조한다는 점에서, 양자역학의 실수와 허수가 뒤섞인 복소수複素數(실수와 허수의 합의 꼴로 나타내는 수)의 수학적 세계와 닮았습니다. 이처럼 생각하다 보면, 현실을 불변의 실체로 보는 '환영' 너머에 진언이 불러오는 영원한 세계가 있을지도 모른다는 느낌이 들기도 합니다.

**실체란
무엇일까?**

바다와 갈매기

바다는 파랗다고 생각했어,
갈매기는 하얗다고 생각했어.

그런데, 지금 보는 이 바다도,
갈매기의 날개도, 쥐색이야.

모두 알고 있다고 생각했어,
하지만 그것은 거짓이었어.

하늘은 파랗다고 알고 있어,
눈은 하얗다고 알고 있어.

모두 보고 있어, 알고 있어,
그러나 그것도 거짓일 거야.

_가네코 미스즈

《반야심경》의 진수

지금까지 설명한 대로 '우리'는 우주가 138억 년에 걸쳐 만들어낸 산물입니다. 우주가 만든 우리는 이제 자신을 낳은 우주를 성찰하기에 이르렀습니다. 프랑스 철학자 파스칼Blaise Pascal(1623~1662)은 저서 《팡세》에서 이렇게 말했습니다.

"인간은 한 줄기 갈대에 불과하다. 자연에서 가장 약한 존재다. 그러나 인간은 생각하는 갈대다. 인간을 부수기 위해 전 우주가 무장할 필요는 없다. 한 줄기의 증기, 한 방울의 물로도 인간을 죽일 수 있다. 하지만 우주가 인간을 으스러뜨린다 해도 인간은 그를 죽인 존재보다 더 고귀할 것이다. 왜냐하면, 인간은 자신의 죽음과 우주가 자신을 초월하는 존재임을 알고 있지만, 우주는 그러한 사실을 전혀 모르기 때문이다."

인간은 우주에 포괄된 존재이면서도 '생각'이라는 행위로 우주를 포괄합니다. A가 B를 포괄하고, B도 A를 포괄하면 완전히 A=B가 됩니다. 이런 관점에서 보면, 인간도 우주의 한 형태라고 말할 수 있습니다. 우리는 일상에서 기쁨과 슬픔, 고통과 후회 등 여러 감정의 파도에 휩쓸리며 살아갑니다. 이러한 현상을 인지하는 것은 다름 아닌 우리 자신의 마음입니다. 마음가짐에 따라 현재 내 몸의 변화와 세상에 관한 인식이 달라집니다. 《반야심경》이 추구하는 것은 '모든 것은 마음에 달렸음'을 깨닫는 일입니다. 절대적 실체는 없으며, 모든 것은 의식이 만들어낸 모습임을 강조합니다. 그리고 이러한 자각이야말로 고통에서 벗어나는 길이라고 말합니다.

과거는 이미 지나갔으므로 존재하지 않습니다. 미래는 아직 오지 않았으므로 존재하지 않습니다. 그러면 '지금'이라는 순간은 존재할까요? 이 '지금'이라는 순간조차 객관적 실체가 아닌 개인의 주관적 인식일 뿐입니다.

다만 '지금'은 과거 시간이 쌓인 결과물임은 틀림없습니다. 미래는 '지금'을 기반으로 한 시간의 흐름 끝에 있는 기대입니다. 따라서 미래는 현재를 어떻게 살아갈 것인가에 의해 결정됩니다. 미래는 '지금' 속에 포괄되어 있다는 뜻입니다.

이 말은 기억 속에 있는 과거의 가치는 앞으로 맞이할

미래가 큰 영향을 준다는 뜻이 됩니다. 과거의 경험은 다가올 미래를 어떻게 맞이하느냐에 따라 그 가치가 달라진다는 말이기도 합니다. 따라서 과거에 집착할 필요는 없습니다. 이 사실만 깨달아도 삶의 큰 힘이 된다는 것은 두말할 나위 없습니다.《반야심경》의 진수는 실로 이 점에 집약되어 있다고 생각합니다.

**모든 것은
'겹쳐진 구조'
속에 존재한다**

벌과 신神

벌은 꽃 속에,
꽃은 정원 속에,
정원은 흙담 속에,
흙담은 마을 속에,
마을은 일본 속에,
일본은 세계 속에,
세계는 신 속에.

그렇게, 그렇게, 신은,
작은 벌 속에.

_가네코 미스즈

제 4 장

인생과 우주 시간

우리 인간은 다른 존재의 도움 없이는 살아갈 수 없습니다.

그런데 생각해 보면, 포유류 중에서 아무런 대가 없이 순수하게 줄 수 있는 존재는 우리 인간뿐입니다. 놀랍게도 진화는 우리에게 그러한 능력을 주었습니다.

**우주
달력**

 우리의 우주는 마치 모든 곳이 중심인 것처럼 팽창하고 있습니다. 팽창으로 인해 멀어지는 은하의 속도가 거리에 비례한다는 관측 결과에서 도출된 결론입니다. 어떤 은하가 1이라는 거리만큼 떨어져 있으면 1만큼의 속도로 멀어지고, 10만큼 떨어져 있으면 10만큼의 속도로 멀어진다는 의미입니다.

 시간을 과거로 되감아 보면 우주는 점점 작아지며, 모든 물질이 한 점으로 응축된 상태였을 것입니다. 이때 우주는 상상을 뛰어넘는 높은 온도에서 눈부신 빛을 방출했으리라 예상됩니다. 이것이 우주의 시작, 빅뱅입니다. 빅뱅은 지금으로부터 약 138억 년 전, 이곳에서 일어났다고 말할 수 있습니다. 앞에서 설명한 대로 팽창의 중심을 지구라고 생각해도 틀린 말이 아니기 때문입니다. 그 증거로 빅뱅의 타다 남은 불씨와 같은 전파 잡음이 현재 우리 주변에서 감지되고 있습니다. '우주배경복사'입니다.

여기서 잠시 138억 년을 현실의 1년으로 압축한 '우주 달력'으로 우주의 진화를 따라가 보도록 하겠습니다. 지금을 그해의 마지막 날에서 새해로 넘어가는 순간이라고 생각하면, 1월 1일 자정에 우주가 탄생했으며, 이 달력에서 1초는 우주 시간으로 438년이고, 인간의 수명은 약 0.2초에 해당합니다.

1월 1일 0시 0분 0초	빅뱅(138억 년 전)
4월 11일	은하수의 형성(100억 년 전)
9월 1일	태양과 지구의 탄생(46억 년 전)
9월 2일	달의 탄생(45억 5천만 년 전)
9월 17일	바다의 탄생(40억 년 전)
9월 22일	최초의 생명 탄생(38억 년 전)
11월 6일	세포핵을 지닌 생물 탄생(21억 년 전)
12월 18일	어류의 출현(5억 년 전)
12월 21일	최초의 숲 탄생(3억 8천만 년 전)
12월 26일	포유류의 탄생(2억 년 전)
12월 31일 19시 30분	최초의 원시인 탄생(700만 년 전)
21시 8분	일본열도의 형성(450만 년 전)

23시 52분	현세 인류의 탄생 (20만 년 전)
23시 59분 54초	붓다의 시대 (2,500년 전)
23시 59분 55초	예수의 시대 (2,000년 전)
23시 59분 59초	과학의 태동 (400년 전)

이렇게 생각하면 우리 인류는 이제 막 탄생한, 게다가 0.2초도 되지 않는 짧은 삶을 살아가는 존재임을 알 수 있습니다. 하지만 이러한 짧은 삶이 있으므로 우리는 다음 해로 나아갈 수 있습니다. 우주만큼 인간도 참으로 신비롭고 위대한 존재입니다.

삶이라는
장대한 체험

기억하십니까? 지금으로부터 X(본인의 나이를 대입해 주세요)년 전, 어머니의 체내에서 0.1mm 크기였던 당신은, 아버지의 유전 정보를 짊어지고 온 더 작은 수억 개의 개체와 만나서 그중 하나와 결합했습니다. 그러자 당신의 어머니 체내에 있는 면역세포는 외부에서 온 침입자에 놀라 공격을 시작합니다. 그것을 피해 자궁 안으로 도망쳐 들어갔다 해도 감수분열減數分裂(생식세포가 분열되는 과정)에 실패하여 어머니의 체내에서 배출될 위기도 있었습니다.

    이 위기를 어떻게든 극복한 당신은 자궁 안에서 분열을 반복하여, 한 달이 지나자 작은 물고기를 닮은 형태의 모습이 되었습니다. 그로부터 며칠이 지났을 무렵, 심장에서 좌우에 격벽이 생겨나며 폐순환을 위한 준비가 갖춰졌습니다. 며칠이 더 지나자 물고기의 모습에서 약 2cm 정도 크기의 사람의 형태가 되었습니다.

이 과정 중에 SRY 유전자가 깨어나면 성별이 확정되고, 그로부터 약 240일 후에 처음 크기보다 오천 배 정도로 자라납니다. 그리고 이유는 확실하지 않지만, 음악 등의 합주에서 조율 기준이 되는 440㎐에 가까운 울음소리를 내면서 어머니의 태내에서 나와 이 세계로 상륙하게 된 것입니다!

우리 몸을 수학적으로 설명하자면, 속이 텅 빈 대나무처럼 입에서 위, 장으로 이어지는 하나의 관으로 된 구조입니다. 이것은 무척추동물 시대의 흔적입니다. 척추는 물고기 시대의 흔적입니다. 수억 년에 걸친 우주 진화의 과정을 채 1년도 안 되는 시간 동안 질주해 온 신생아인 '당신'은 울기, 젖 먹기, 잠자기, 그리고 배설하기 외에는 아무것도 할 수 없었습니다. 젖을 먹는다고 해도 다른 포유류와는 달리 스스로 일어나서 먹을 수조차 없었습니다. 그 이유는 인간이 진화를 통해 직립해서 걷게 되고, 큰 뇌를 갖게 된 탓입니다. 직립보행과 큰 뇌를 갖게 된 결과 골반 간격이 좁아져서 인간은 뇌가 충분히 완성되기 전에 태어나야만 생존을 보장받을 수 있었습니다. 그래서 태어나자마자 바로 활동하는 다른 동물들과 달리 아기 때의 인간은 너무나도 무력합니다. 그렇기에 당신은 학교에 가서 배울 필요가 있었던 것입니다.

이렇게 생명의 진화 과정을 되돌아보면 지금 여기에 당신이 존재한다는 것은 기적입니다. 어머니 뱃속에서 잉태되는 순간부터 태어날 때까지의 과정은 우주 진화의 과정을 다시 한번 경험하는 일과도 같습니다. 그렇게 갓 태어난 무력한 인간은 부모와 여러 사람의 도움을 받아 양육됩니다. 우리 인간은 다른 존재의 도움 없이는 살아갈 수 없습니다.

그런데 생각해 보면, 포유류 중에서 아무런 대가 없이 순수하게 줄 수 있는 존재는 우리 인간뿐입니다. 놀랍게도 진화는 우리에게 그러한 능력을 주었습니다. 어쩌면 여기에 우리가 어떻게 살아가야 하는지에 관한 해답이 있을지도 모르겠습니다.

1·2·3의
숫자 감각

먼 옛날에는 생물 대부분이 알의 상태로 태어났습니다. 그러나 화산 폭발 등 지구 환경 변화로 산소가 부족해지면서, 모체 안에서 어느 정도까지 키울 필요가 생기게 되었고, 이로 인해 태생胎生 포유류의 역사가 시작되었습니다. 이때 태아는 모체가 움직여도 안전이 유지될 수 있도록 물고기 같은 상태로 양수 안에 잠긴 채 진화하는 길을 선택했습니다. 참고로 양수의 성분은 해수와 가깝습니다.

수정 후 약 32일째의 아기는 아직 물고기 얼굴을 하고 있으며, 아가미 같은 것이 보입니다. 약 34일째가 되면 코가 입으로 연결되는 양서류의 모습으로, 약 36일째에는 원시 파충류 같은 형상으로 변합니다. 약 38일째에 목 기관이 생기고, 약 40일째에는 인간의 얼굴 윤곽을 갖추게 됩니다. 지구가 38억 년 가까이 걸려 진행한 생물의 진화 과정을 인간 아기는 발생 시작 후 고작 40일도 안 되어 돌파해 버립니다.

단순히 계산하면, 이 기간 태내 아기의 하루는 지구의 1억 년 분량에 해당합니다. 참으로 놀랍습니다. 태내에서의 성장 과정은 지구 생물의 진화 과정을 엄청난 속도로 재현하고 있는 셈입니다. 물고기 → 양서류 → 파충류 → 포유류 → 인간까지의 진화를 태내에서 단 8일 만에 달성하다니, 믿기 어려울 정도입니다. 이것이 바로 생명의 신비이자 경이로움입니다.

태어난 아기에게 첫 번째 시련은 '물고기'와의 결별입니다. 큰 소리로 울며 폐 안에 가득 찬 양수를 토해내고, 폐호흡으로 전환해 인간으로 다시 태어납니다. 우리가 눈을 깜빡이는 것은 항상 눈이 젖어 있던 물고기 시대의 기억이 남아 있어, 육지에서 눈이 메말라 느끼는 통증을 눈물로 적셔 완화하기 위한 행동입니다.

갓 태어난 아기에게는 자신과 타인의 구분이 없습니다. '어머니의 태내가 전부'였기 때문입니다. 하지만 태어난 후 젖을 먹기 시작하면서, 자신이 아닌 또 다른 존재가 있음을 깨닫게 됩니다. '자신'과 '어머니'의 구분입니다. 이것이 숫자 '1'과 '2'의 시작입니다. 그리고 자신과 어머니가 아닌 제3의 존재, 아버지 등 타인과의 만남에서 생겨나는 인식이 '3'입니다. 이처럼 '1·2·3'이라는 숫자 감각은 생후 얼마 되지 않아 형성되는 기본적인 인식 능력으로 여겨집니다. 인간이 세지 않아도 순간적으로 이해할 수 있는 최대 숫자가 3까지라고 알려져 있는데, 그 이유는 성인이 되어서도 갓 태어난 직후의 기억에 지배받기 때문일지도 모릅니다. 인간의 탄생과 숫자의 탄생 사이에도 깊은 연관성이 있다니 그저 놀랍기만 합니다.

뇌는 소리로
깨어났다

홋카이도 중부에 있는 도카치+勝 산봉우리의 암반에는 우리 포유류의 조상이라 불리는 '우는토끼'가 서식합니다. 쥐만 한 크기에 날카롭게 "찍찍" 하는 울음소리를 내며, 매우 경계심이 강해서 그 모습을 보려면 암석 뒤에 숨어 숨을 죽이고 기다려야 합니다. 우는토끼는 이 같은 신중함 덕분에 공룡 시대에도 살아남았고, 빙하기조차 견뎌내며 현재까지 생존했습니다.

공룡의 화석을 연구한 결과, 공룡은 청각 기능이 매우 나빴을 것으로 추측하고 있습니다. 만약 그렇다면 공룡은 잘 보이지 않는 야간에는 활동을 줄였을 테고, 그 틈을 노려 우는토끼는 어둠 속에서 청각을 발달시키며 생존했을 것입니다. 청각 기능의 발달은 뇌 발달도 촉진했으니, 인류로 가는 첫걸음을 내디딘 셈입니다. 인간 태아의 성장 과정에서 오감 중 청각이 가장 오래 걸려 정교하게 발달한다는 사실이 이를 증명합니다.

생각해 보면 포유류는 어머니의 칠흑 같은 태내에서 지내므로 시각은 필요 없습니다. 후각과 미각은 섭취한 음식의 안전성을 확인하기 위한 감각이지만, 태내에서는 탯줄을 통해 모든 영양분이 공급되므로 불필요합니다.

촉감은 태어난 후 모유를 섭취하는 데 필요한 감각이지만, 태아는 손가락을 빨며 태내에서 이를 학습합니다. 결국 오감 중 청각만이 태내의 혈류 소리나 심장 박동을 통해 외부와 연결된 유일한 감각입니다. 그래서 말하지 못하는 아기의 의사소통 수단이 오로지 청각을 자극하는 울음인 이유입니다.

소리는 언어에 선행하는 커뮤니케이션 수단입니다. 반면 언어는 사족보행에서 이족보행으로 진화 과정을 거치면서 중력에 의해 목 구조가 변화해 미묘한 음을 낼 수 있게 되면서 탄생했습니다.

흥미롭게도 언어는 논리적 사고를 가능하게 하지만, 생생한 감정의 미묘함은 문자보다 발성된 소리에서 더 잘 드러납니다. "감사합니다"라는 말은 고마움을 의미하지만, 이를 소리로 발화하면 어떤 상황에서의 감사인지가 명확해집니다. 이런 의미에서 문자 중심의 이메일이나 SNS가 우선시되는 현대 사회의 앞날이 걱정스럽기도 합니다. 음악이 인종과 국적을 초월한 보편어인 이유도 여기에 있습니다. 태초에 '말이 있었노라'라기보다는 '소리가 있었노라'라고 할 수 있겠습니다.

종교의 기원

포유류는 물론 작은 벌레일지라도 자신을 잡으려고 접근하는 존재가 있다면 예외 없이 도망치려고 하기 마련입니다. 잡히고 싶지 않아서입니다. 이는 목숨을 잃지 않으려는 본능과 연결되며, 오래 살고자 하는 욕망의 표현일 수 있습니다. 생명이란 오래 생존하려는 기질을 내재한 존재임을 시사합니다.

우리 인간도 마찬가지입니다. 다만 다른 동물과 달리 자신의 생명이 영원하지 않으며 유한하다는 사실을 인지하고 있습니다. 아무리 노력해도 죽음에서 벗어날 수 없다는 괴로움을 깨달았을 때 인간은 구원과 위안을 추구하게 됩니다. 이때 문득 깨닫게 되는 것이 절대적 보호자이자 구원자인 어머니의 태내로 돌아가고 싶다는 회귀 욕망입니다. 이는 출생 후에도 어머니와의 일체감 속에서 보호받으며 성장하는 과정으로 이어지며, 현실을 살아가는 동력이 되어왔습니다.

인류 진화의 역사를 분석하면, "항상 누군가가 지켜보고 있다"라는 의식이 집단의 폭주를 억제하고 질서를 유지함으로써 지속 가능한 사회 구현의 열쇠가 되었음을 알 수 있습니다. 이러한 메커니즘이 서양 종교의 인격화된 '신'이라는 개념을 탄생시킨 것으로 보입니다. 그 목적은 영원한 구원입니다.

반면, 동양의 종교는 인간을 윤회전생, 인과응보, 하늘의 질서 등과 같은 우주 법칙 속에 소속시킵니다. 그리고 이 모든 것을 지배하는 비인격적 힘을 믿음으로써 광대한 우주를 이루는 하나의 조각이 되어 영생을 추구합니다. 대표적인 종교로 불교가 있습니다.

전 세계 3대 종교인 기독교·이슬람교·불교를 포함해 여러 종교의 공통점은 강한 카리스마를 지닌 예언자의 존재입니다. 그러나 일본 신도神道는 예언자 없이 자연을 경외하고 숭배하며 신앙한다는 점에서 독특한 종교라고 말할 수 있습니다.

종교마다 교리는 다르지만, 공통분모를 추출하자면 '타인을 해치지 않음'에 있습니다. 산스크리트어로 불살생을 뜻하는 아힘사ahiṃsā와 '타인을 온전히 받아들임'이라는 뜻의

라틴어 클레멘티아clementia에 부합하는 정신이라고 생각해도 좋을 듯싶습니다.

그렇다고 한다면, 이러한 실천의 시작은 '내가 먼저'라는 이기적 사고로부터의 탈피에서 시작된다는 사실을 부정하기 어려울 것입니다.

인류의
시작

지구상에 생명이 탄생한 것은 약 38억 년 전입니다. 그로부터 약 10억 년 동안 모든 생명체는 암컷이었다는 사실이 연구 결과를 통해 밝혀졌습니다. 암컷들은 자신의 몸을 분열시켜 복제물을 만들며 종種의 보존에 매진했지만, 유전자 정보가 완전히 같은 개체들은 질병에 취약해 최악의 경우 멸종 위기에 처하기도 했습니다. 이에 암컷들은 더 건강한 후손을 위한 유전적 다양성을 창출하려면 수컷이 필요함을 깨달았고, 그 결과 세상에는 수컷과 암컷, 남성과 여성이 탄생하게 된 것입니다.

인류의 시작은 여성이었습니다. 이 관점에서 보면 생물학적으로 남성은 여성을 당해낼 수 없습니다. 그래서 남성들은 우쭐대지 않으면 견딜 수 없을지도 모릅니다. "나는 이렇게 열심히 일한다"라거나 "내 생각은 이렇다. 너의 생각도 그럴 거라 믿는다"라며 자신의 세계관을 강요하는 경우가 빈

번합니다. 반면 여성은 묵묵히 참아냅니다. 남성보다 훨씬 포용력 있고 인내심이 깊습니다.

남성과 여성은 탄생의 역사 자체가 다릅니다. 따라서 '남녀는 다른 생명체이며, 서로를 100% 이해하는 것은 불가능하다'라고 인식하는 것이 중요합니다. 그렇지만 마음가짐은 '그래도 이해하려고 노력하기'입니다. 정도의 차이는 있더라도 '여자(혹은 남자)를 완전히 이해할 수 없다'라는 사실을 인정해야 합니다. '당신의 모든 것을 알고 싶다'라는 마음도 이해되지만, 관계의 붕괴로 이어질 수 있습니다.

이러한 현상은 자연계의 분자 형성과 유사합니다. 예를 들어 물 분자는 수소와 산소가 적절한 간격을 유지하며 전자를 공유합니다. 지나치게 밀착하면 결합이 깨집니다. 남녀 관계도 적절한 거리감과 공통 화제를 주고받으면서 신뢰 관계가 형성됩니다.

"사랑은 3년이 한계"라는 말은 남녀 문제에서 자주 언급되지만, 생존을 위해서 뇌가 획득한 특성입니다. 인간은 적응의 생물이라서 맛있는 음식도 매일 먹으면 질리듯이 남녀 교제도 특별한 것이 일상화되거나 '감사'가 '당연'으로 바뀌게 됩니다. 어쩔 수 없는 현상이지만, 지나치게 '당연함'의 비율이 늘면 '주의'가 필요합니다.

그렇게 되면 어떻게 해야 할까요? 남녀의 관계도 3년마다 '면허 갱신'을 하면 됩니다. 즉 기존과 다른 시각에서 상대를 바라보는 것입니다. 시선을 바꾸면 새로운 면모가 보입니다. 이를 3년, 또 3년 반복하며 관계를 깊게 할 수 있습니다.

《어린 왕자》의 작가 생텍쥐페리는 이렇게 말했습니다. "사랑한다는 것은 서로를 바라보는 게 아니다. 같은 방향을 보는 것이다." 서로만 응시하면 상대의 결점만 보입니다. 남녀의 차이를 인정하고 가치관의 차이를 극복하려면 "몇 년 후에 우리의 집을 짓자, 앞으로 이런 일을 하자"라는 식으로 공통의 꿈을 안고 미래를 향해 같은 방향을 보는 것이 중요합니다.

남녀라는 개성

"남녀는 서로 이해할 수 없나요?", "연애의 유통기한이 3년이라던데 사실인가요?" 남녀와 관련된 화제는 시대를 막론하고 끊이지 않습니다. 다양한 주장이 있지만, "남자는 이렇고 여자는 저렇다"라는 기존 틀 안에서의 논의로는 해결책을 찾기 어렵습니다. 인류 진화의 역사 속에서 '남자란 무엇인가? 여자란 무엇인가?'를 추적하면 많은 힌트를 얻을 수 있습니다.

약 750만 년 전, 인류 역사에 중대한 진화가 일어났습니다. 네 발 걷기에서 두 발 걷기로 전환된 사건입니다. 꼿꼿이 허리를 세우고 일어서면서 척추 위에 머리가 올려져 인류는 큰 뇌를 획득했습니다. 그러나 골반 간격이 좁아져서 기존 방식의 출산이 어려워졌습니다.

원래라면 인간 태아 성장에는 65주가 필요합니다. 하지만 인간 어머니는 좁은 골반으로 아기가 나올 수 있는 극한

인 40주 전후에 출산하게 되었습니다. 완전히 성장한 상태의 분만은 불가능해진 것입니다. 따라서 신생아는 스스로 일어나 모유도 먹지 못하며 걸을 수도 없습니다. 이는 생물 중 인간만의 특징입니다.

남녀의 역할이 나뉘게 된 것도 이 시기부터였습니다. 어머니는 무력한 아기를 돌보느라 종일 붙어있고, 아버지는 사냥이나 집 짓기 등 외부 활동을 담당하게 되었습니다.

"아버지는 세상이 이토록 넓음을 알려주어야 할 책임이 있다. 어머니는 세상이 이토록 따뜻함을 가르쳐줘야 할 책임이 있다."

이는 예전에 북미 원주민 주술사가 저에게 했던 말로, 지금도 마음 깊이 간직하고 있습니다. 750만 년 전 생활과 정확히 연결되는 메시지입니다.

"남자는 눈의 생물, 여자는 귀의 생물"이라는 말도 이 시대 생활 방식에서 비롯됩니다. 남성은 시각이 예민한 사냥꾼으로, 방향 감각이 뛰어납니다. 남성이 여성보다 길치가 적은 이유입니다. 여성은 어둠 속에서도 아기 울음소리로 배고픔과 통증 등을 판단합니다. "날 사랑해?"를 반복해서 묻는 것도 청각적 확인을 추구하기 때문입니다. 또한 여성은 아이를 키우는 데 다양한 상황을 기억할 필요가 있습니다. 그래서 생일이나 결혼기념일 등을 남성보다 잘 기억합니다.

이처럼 남녀에게는 다양한 차이가 있습니다. 이 차이야말로 개성입니다. 인간 진화의 결과물로 인정하는 것이 관계의 핵심입니다. 750만 년 전 인류의 생활을 탐구하면 남녀 문제에 대한 다양한 통찰을 얻을 수 있습니다.

**사랑하고,
믿고,
기다리기**

자녀 양육의 힘듦과 어려움을 느끼는 분들이 많을 것입니다. 저 역시 제자들의 상담을 자주 받곤 합니다. 현대 사회 육아 문제의 기원은 수백만 년 전 인류 역사에 뿌리를 두고 있습니다.

오랜 기간 숲에서 살던 인간이 대지진으로 숲이 파괴되자 초원에서 생활하게 되었습니다. 초원에서의 생활은 맹수의 공격으로 인해 인구 감소 위기에 처하기도 했습니다. 그때까지는 원래 고릴라처럼 수년에 한 번씩 출산하던 주기가 3년, 2년으로 짧아졌고, 여성의 신체는 현재와 같이 매년 출산할 수 있는 구조로 진화했습니다. 결과적으로 갓 태어난 아기와 이제 돌을 막 지난 아이를 동시에 키우는 경우도 많았을 것입니다. 이렇게 되면 어머니와 자식 관계만으로는 부족하게 되었고, 마을 공동체의 도움을 받는 집단 양육으로 바뀌게 되었습니다.

현대는 핵가족화가 진행되어서 친척이나 이웃의 도움을 받기 어렵습니다. 많은 부부가 체력과 정신적 한계 속에서 고군분투하고 있으며, 산후 우울증 사례도 증가 추세입니다.

인류는 집단 양육 체제로 진화해 왔음에도 불구하고, 현대에는 그 진화에 역행하는 양육 방식으로 인해 부모들이 고통받고 있습니다. 과거에는 "우리 애는 왜 아직 걷지 못할까?", "말이 늦는 것 같아"라는 부모의 고민에 "때 되면 다 괜찮아질 거야"라며 조언하는 이들이 주변에 많았습니다. 하지만 현재는 정보 과잉 속에서 오히려 불안만 가중되는 상황입니다.

오랜 역사를 거치면서 우리가 사는 환경과 양육 방법도 크게 변화했습니다. 하지만 교육의 본질은 어느 시대와도 달라지지 않았습니다. 바로 "사랑하고, 믿고, 기다리는 것"입니다. 이는 교사와 학생, 부모와 자식, 연인 관계에도 똑같이 적용되는 사랑의 조건입니다.

가사와 육아를 혼자 떠맡은 어머니들의 부담은 클 수밖에 없습니다. 바쁜 일상 속에서 아이를 재촉하거나 눈에 보이는 결과를 바라기 쉽지만, 각자에게는 고유한 개성과 성장 속도가 있습니다. 조건 없는 수용과 신뢰 속에서 기다리는 마음가짐이 중요합니다. 21세기의 복잡한 육아 환경에서도 이 원칙은 여전히 유효한 지침이 될 것입니다.

자신의
얼굴

우리의 얼굴 형태는 참 신기합니다. 우리가 외부 상황을 파악하기 위해 필요한 다섯 가지 감각기관, 즉 시각 기관인 눈, 청각 기관인 귀, 후각 기관인 코, 미각 기관인 입, 그리고 얼굴 전체의 피부를 통해 느끼는 촉각까지 모두 얼굴에 집중되어 있기 때문입니다. 예전에 아이들의 전화 상담을 맡았을 때 "왜 입은 얼굴 한가운데에 없나요?"라는 질문을 받은 적이 있습니다. 누구나 당연하다고 생각하는 것에 의문을 품는 아이들의 신선한 감각에 상담자들은 당황하기 일쑤였습니다. 그때 제가 했던 답변이 이번 주제와 연결됩니다.

입은 음식을 몸 안으로 들여보내는 입구입니다. 이 음식이 안전한지 확인하기 위해서는 냄새가 중요한 기준이 됩니다. 고양이나 개도 음식을 먹기 전에 냄새를 맡는 행동을 먼저 합니다. 아마 여러분도 냉장고에서 오래된 음식을 꺼내서 먹으려 할 때 가장 먼저 냄새를 확인할 것입니다. 이를 위해서는 입과 냄새를 맡는 기관인 코의 위치가 가까운 것이 편리합니다.

그런데 만약 입이 얼굴 한가운데에 있다면 어떻게 될까요? 이 경우 코는 입 위나 아래에 위치하게 됩니다. 만약 코가 입 바로 위, 즉 이마 근처에 있다면 부딪히기 쉬워 불편할 것입니다. 반대로 코가 입 아래에 있고 콧구멍이 위를 향하고 있다면 먼지가 들어가기 쉽고, 비가 올 때 빗물이 고여 숨쉬기가 어려워질 것입니다. 이렇게 저렇게 생각해 봐도 현재와 같은 입과 코의 배치야말로 가장 이상적인 디자인이라고 생각합니다.

눈은 가능한 한 멀리 볼 수 있도록 얼굴 위쪽에 있는 것이 좋고, 귀는 소리가 오는 방향을 감지하기 위해 양쪽으로 멀리 떨어져 있는 것이 유리합니다. 그래서 얼굴 양옆에 귀가 위치하게 된 것입니다.

그리고 콧구멍이 아래로 향한 것은 매우 유리한 점이 있습니다. 어머니가 아기를 안으면 아기의 목덜미가 어머니의 코 바로 아래에 오게 됩니다. 아기의 목덜미에서는 독특한 냄새가 나는데, 이 냄새가 어머니의 유선을 자극해 모유가 나오게 하는 역할을 합니다. 연인들이 서로 껴안았을 때 상대방의 목덜미가 자신의 코 아래로 오는 것도 비슷한 원리일 수 있습니다. 무의식적으로 냄새를 감지하며 신뢰 관계를 형성하는 것일지도 모릅니다.

더 나아가 목덜미의 솜털에는 미세한 전기를 감지하는 특성이 있어 이것이 '분위기'를 느끼는 근원일 수 있다는 최근 연구 결과도 있습니다.

우리의 얼굴 디자인에는 인류 진화의 지혜와 흔적이 감춰져 있는 듯합니다.

적령기는
존재하는가

일본의 무로마치 시대室町時代(1336~1573), 전통 공연예술 노[能]의 작가 제아미世阿弥(1363?~1443?)가 쓴《풍자화전風姿花傳》이란 저서가 있습니다. 어린 시절부터 노년까지의 인생을 7단계로 나누어 높은 예술 경지를 위한 비결을 담았습니다. 《풍자화전》은 현대 삶의 지침서로도 설득력이 있습니다. 제아미는 예술의 극치를 '꽃'으로 표현했는데, 그중에서도 '시절 꽃'과 '진정한 꽃'에 대한 설명이 압권입니다. '시절 꽃'은 특정 시기에만 피는 화려하고 매력적인 꽃이며, '진정한 꽃'은 '나'라는 나무가 시들어가더라도 조용히 계속 피어나는 예술의 궁극적 꽃을 말합니다. 그리고 '시절 꽃'을 마음껏 누리되, 자만하지 않고 더욱 예술을 연마하는 것이 '진정한 꽃'으로 나아가는 길이라고 설파합니다. 우리 인생에 비유하면 모든 시기가 '적령기'라는 의미입니다.

에도 시대江戶時代(1603~1868)에 활동했던 시인 마쓰오 바쇼松尾芭蕉(1644~1694)의 작품 중에서 "풀들은 각자 제 꽃의 공적을 자랑하네"라는 한 줄의 짧은 시가 있습니다. '풀에도 각자 개성을 지닌 다양한 종류가 있고, 각각의 꽃에도 타고난 깊은 맛이 있다'라는 뜻으로, 제아미의 생각과 유사한 의미가 담겨 있습니다.

'적령기' 하면 흔히 결혼을 떠올리지만, 모든 사람에게 통용되는 결혼 적령기가 있을 리 없습니다. '적령기'는 억지로 정할 필요가 없다고 봅니다. 생물학적 출산 적령기는 존재하지만, 자녀를 낳지 않더라도 학교 선생님처럼 많은 아이들의 '사회적 부모'로서 인류에 공헌할 수 있습니다. 인간은 삼 대를 넘어서면 대부분의 기억이 단절되도록 설계되었습니다. 개체보다 종의 존속이 우선시되기 때문일 것입니다.

생각해 봅시다. 자신의 기억 속에 선명히 남는 것은 조부모까지고, 증조부모는 기억 저편으로 사라집니다. 조금 극단적으로 말하자면, 세대를 거듭할수록 타인의 자식과 내 자식의 구분이 사라지게 된다고도 할 수 있습니다.

이렇게 보면 우리 인생은 모든 순간이 '적령기'이며, 무엇인가를 시작하려는 그때가 바로 적령기라 할 수 있습니다. 신선식품처럼 '소비기한'이 없는 것이 인생인 셈입니다.

시간의 신비

세상에는 안다고 생각하지만, 실제로 모르는 것들이 많습니다. 그 대표적인 예가 바로 '시간'입니다. 평소 우리는 시계로 시간을 측정하며 그 존재를 의심하지 않습니다. 하지만 시간을 보거나 만질 수는 없습니다. 물리학에서는 시간이 실체인 것처럼 다루지만, 이는 "커피를 마신 후 케이크를 먹는다"처럼 사건의 전후 관계를 지정하는 좌표와 같은 기준에 불과합니다. 그렇다면 시간이란 정말 무엇일까요?

시간의 신비를 최초로 논한 인물은 2~3세기 인도의 철학자 용수龍樹(Nāgārjuna)로 알려져 있습니다. 이후 4~5세기 고대 기독교 신학자 아우구스티누스Aurelius Augustinus(354~430)와 일본 가마쿠라 시대鎌倉時代(1185~1333) 초기에 살았던 선승禪僧 도겐道元(1200~1253)도 시간에 관해 논했습니다. 이 세 명의 시간론은 시대와 종교가 다름에도 공통된 의견을 남겼습니다.

"과거는 이미 지나갔으므로 존재하지 않는다. 미래는 아직 오지 않았으므로 존재하지 않는다. 그러면 과거도 미래도 아닌 시간을 현재라고 할 때, 그 현재가 지나간다면 역시 존재하지 않게 된다. 따라서 현재는 지나가지 않는 유일한 시간이며, 지나가지 않기 때문에 영원하다."

도겐은 여기에 더해 "과거도 미래도 모두 현재 속에 포함된다"라고 단언했습니다. 우리가 기억하는 '과거'는 현재의 기억일 뿐 실체가 아니며, '미래' 역시 현재 의식의 상상일 뿐이므로, 현재야말로 시간의 모든 것을 포함한다는 의미입니다.

이제 물리학이 바라보는 시간을 설명하도록 하겠습니다. 공을 수직으로 던지면 처음엔 빠르게 상승하다가 최고점에서 잠시 멈춘 후 낙하합니다. 처음에는 천천히 낙하하지만, 서서히 속도가 빨라지며 지상에 도달할 때의 속도는 위로 던졌을 때의 속도와 똑같습니다. 이 과정을 비디오카메라로 찍은 후 거꾸로 재생해 보면, 상승과 낙하가 완전히 똑같아서 시간순으로 재생한 영상과 구분되지 않습니다. 바꿔 말하면 물리학, 특히 운동과 힘을 연구하는 역학 분야에서 시간은 과거와 미래의 절대적 구분이 없습니다.

아무래도 우리가 느끼는 시간이란 마음이 만들어낸 환상인 것 같습니다. 그렇지만 생명체는 탄생과 죽음이 있고, 우리가 처한 상황에 따라서 시간의 흐름을 빠르게 느끼거나 느리게 느낍니다. 시간의 신비는 깊어갈 뿐입니다. 참으로 불가사의하다고밖에 할 말이 없습니다.

'이제 와서'를 '이제부터'로

앞에서 '물리학에서의 시간은 절대적인 과거, 현재, 미래의 구분이 없으며, 단순한 좌표일 뿐'이라고 설명했습니다. 이제 일상에서 우리가 느끼는 생물학적, 심리적 시간에 관해서 생각해 보도록 하겠습니다.

생명체는 탄생과 죽음이 있습니다. 과거와 미래의 구분이 있습니다. 여기에는 이유가 있습니다. 생물은 수많은 독립적인 세포로 이루어져 있어서 마치 모닥불 연기가 퍼지듯 분산되는 성질을 지니고 있습니다. 이것이 겉보기에 마치 시간의 흐름에 방향성을 주는 것처럼 느껴집니다. 그래서 시간이 흐른다는 인식이 생기게 됩니다. 이를 물리학 용어로 '엔트로피의 증가 법칙'이라고 합니다. 모여 있는 무언가가 흩어지면서 무질서가 증가하는 법칙을 말합니다. 이와 반대로 고무공 같은 단일 고체의 운동에는 과거와 미래를 구분하는 특별한 시간 방향성이 없습니다.

어린 시절의 하루는 길게 느껴지지만, 성인이 되면 순식간에 지나갑니다. 왜 그런 것일까요? 첫 번째로 생각해 볼 수 있는 것은, 5세 아이는 1년이 인생의 5분의 1이므로 상대적으로 길게 느껴지고, 80세 노인은 1년이 80분의 1이므로 짧게 느껴지기 때문일지도 모릅니다. 두 번째로는, 어린아이의 활발한 세포는 대사가 왕성해 많은 정보를 처리하므로 시간이 많이 있는 것처럼 느낍니다.

최근 연구에 따르면 쾌락 및 동기 부여 신경전달물질인 도파민 분비량이 시간 인식을 조절한다고 합니다. 무언가에 열중하면 뇌에서 도파민을 많이 분비해 1시간을 30분처럼 느끼지만, 반대로 지루하면 도파민 분비가 줄어들어서 30분을 1시간처럼 느낍니다. 진정 우리가 느끼는 시간은 마음이 만들어낸 환영이라고 말할 수 있습니다.

로마 시대의 시인 세네카Lucius Annaeus Seneca(B.C. 1?~65)는 이렇게 말했습니다. "인생이 짧은 것이 아니라, 우리가 인생을 짧게 만든다." 이 말처럼 1시간을 어떻게 보내느냐에 따라 시간의 만족감이 달라집니다. 인생을 풍요롭게 살기 위해서는 '새로운 경험과 사람 만나기'를 추천합니다. 놀라움과 신선함이 세포를 활성화해 마치 어린아이처럼 풍부한 시간을 느낄 수 있습니다.

　이를 위해서는 아무리 사소해 보이는 것이라도 호기심을 갖고 도전하는 마음이 필요합니다. 새로운 무언가를 시작하려 할 때 '이제 와서'라는 마음 때문에 망설여진다면, 그 마음을 '이제부터'로 바꿔보시기 바랍니다. 그러면 매 순간이 새로운 시작이 됩니다.

제5장

인생의 목적지

《반야심경》은 개인에게 평안을 주는 안내서인 동시에 세계 평화를 위한 지침서임을 적어두고자 합니다.

플라네타륨

태평양 전쟁 발발 4개월 만인 1942년 4월 18일, 일본 본토 상공에 갑자기 미 공군 폭격기 B-25가 나타났습니다. 진주만 공습으로 승전 분위기에 젖어 있던 도쿄에서는 공습경보도 발령되지 않았고, 훈련인 줄 오인할 정도로 평온했습니다. 갑작스러운 소이탄 공격으로 희생된 첫 번째 민간인은 운동장에서 하늘을 바라보던 중학생이었습니다. 진주만을 기습 공격한 것에 대한 미국의 보복으로, B-25 폭격기가 항공모함 귀환이 불가능한 줄 알면서도 강행된 도쿄 첫 공습이었습니다.

그로부터 3개월이 지난 여름방학 오후, 당시 초등학교 담임 선생님이 우리 반 학생들을 데리고 간 곳은 일본에서 도쿄와 오사카 두 곳에만 있었던 플라네타륨(별과 행성의 움직임을 재현한 돔형 극장)이었습니다. 아마도 전 국토가 초토화될 것을 예견한 선생님의 배려였던 것 같습니다.

전쟁이 격화되자 적국의 종교를 가르친다는 빌미로 탄

압받던 미션스쿨 릿쿄立教 고등여학교(현 릿쿄여학원)는 예배당이 폐쇄되고, 군용 통신기나 레이더 따위를 만드는 시제품 공장이 되고 말았습니다. 그 옆에서는 수동계산기와 계산자로 별의 위치를 계산 중이었습니다. 야간 비행을 위해 별자리의 고도와 방위 데이터를 만드는 천문항법 작업이었습니다. 지금으로 치면 중학교 2학년에서 고등학교 1학년에 해당하는 여학생들이 이 작업에 동원되었습니다.

전쟁 전과 전쟁이 한창이던 시기에 걸쳐, 혜성 탐사 연구로 유명했던 혼다 미노루本田實(1913~1990) 씨를 구라시키倉敷 천문대에서 만난 적이 있습니다. 제가 중학생이었을 때입니다. "제가 별에 관심을 가진 건 누구에게나 차별 없이 모습을 보여주기 때문입니다. 또한 격전지에서도 소형 망원경으로 혜성을 찾았던 건 일본에 계신 부모님께 저의 무사함을 전하기 위해서였지요." 그분의 이 말은 지금도 뇌리에 생생합니다.

이후 혼다 씨는 세토瀨戶 내해內海의 외딴섬에 있는 한센병 수용소에 작은 천문대를 세웠습니다. 가족에게조차 버려지고 인간적 존엄을 빼앗긴 그들은 별빛을 바라보며 어떤 마음이 들었을까요?

지금 우리가 아름답다며 우러러보는 밤하늘 뒤편에 숨은 빛과 그림자가 희망의 빛으로 변하는 플라네타륨이 되길 진심으로 기원합니다.

별을 바라보는 삶

최근 밤하늘을 올려다본 적 있나요? 도시에서는 수많은 별을 모두 보긴 어렵지만, 밤하늘에서 가장 밝게 보이는 1등성 별이나 행성 정도는 볼 수 있을 겁니다.

우리는 별을 '본다', '바라본다'라고 말하지만, 별을 볼 때는 꽃이나 풍경을 보는 것과는 다른 뇌 작용이 일어납니다. 꽃을 볼 때는 시각으로 전체를 포착하는 반면, 별을 보는 행위는 먼 과거에 그 별에서 출발한 빛과 당신의 눈동자가 정확히 맞닿는 것을 의미합니다. 이는 광대한 우주와 우주의 산물인 여러분이 직접 접촉하는 것이라고 말할 수 있습니다. 메이지 시대明治時代(1868~1912) 시인 마사오카 시키正岡子規(1867~1902)의 시 중 다음과 같은 시 구절이 있습니다.

"모래알처럼 셀 수 없는 대우주의 무수한 별들 속에 나를 향해 빛을 비추는 별이 있도다."

밤하늘에는 빛의 속도로 1초 거리인 달부터 100억 년

이상 떨어진 천체까지 동시에 빛나고 있습니다. 맨눈으로 볼 수 있는 가장 먼 천체인 안드로메다은하(M31)는 지구에서 230만 광년 떨어져 있습니다. 여러분이 안드로메다은하를 바라보는 것은 230만 년 전 그곳에서 출발한 빛과 현재 당신의 눈이 만나는 순간입니다. 반대로 여러분의 눈길이 230만 년 걸려 지금 안드로메다은하에 도달했다고도 할 수 있습니다. 시간을 초월한 '눈길'이 아닐 수 없습니다. 이는 일종의 우주 체험이라 해도 지나친 말이 아닙니다.

그뿐만 아니라 별은 손길 닿지 않는 곳에서 우리를 내려다보며, 절대자의 상징이 되어 종교를 탄생시켰습니다. 예수 탄생을 알렸다는 베들레헴의 별이 대표적입니다. 별을 보는 경이로움은 단순한 감상을 넘어, 우주와 여러분의 신비로운 연결을 '느끼는' 데 있습니다. 마음으로 본다는 뜻입니다.

별은 모든 이에게 차별 없이 빛납니다. 그래서 별은 보는 이에게 용기를 줍니다. 한센병 수용소에 천문대를 세운 혼다 미노루 씨도 같은 마음이었을 겁니다. 2011년 동일본대지진 직후, 대피소에 몸을 의지하던 피란민들은 쏟아지는 듯한 별빛을 보고 희망을 찾았다는 이야기도 있었습니다. 이처럼 별은 우리에게 위안을 선사하며 고통을 잠재웁니다.

사람은 왜 여행을 떠나는가

"달과 해는 오랜 나그네요, 오고 가는 해도 역시 여행자라네……" 마쓰오 바쇼의 기행문 《깊은 곳 좁은 길》의 서문입니다. 중국 당나라 시인 이백李白(701~762)도 "천지는 만물의 여관이고, 시간은 긴 세월의 나그네다. 덧없는 세상은 꿈과 같으며……"라고 읊었습니다.

이 모두 광대무변한 천지에 비해 덧없이 짧은 인생을 여행에 빗대며, 유구한 시공간을 '나'라는 존재와 겹쳐보려 한 시도입니다. '여행'이라는 말에는 출발점과 도착점이 정해진 '여정旅程'과 달리 끝없는 영원에 대한 갈망이 느껴집니다.

사실 우리 생물은 한곳에 머물며 살아남을 수 없도록 설계되었습니다. 생물이 서식하는 환경은 끊임없이 변화하며, 생물은 이에 적응하면서 변하지 않으면 생존할 수 없기 때문입니다. 우리처럼 '마음'을 가진 생물들은 환경에 너무 익숙해지면 진화를 멈출 우려가 있습니다. 때로는 환경을 바꾸어 몸과 마음을 재충전할 필요가 있습니다. 이것이 우리가 문득 여행을 떠나고 싶어지는 이유입니다. 아기도 엉금엉금 기어 다니기 시작하면서 점차 영역을 넓혀 미지와의 조우를 통해 성장해 갑니다. 이 또한 여행의 본바탕입니다.

인류가 계획한 가장 장대한 여행은 1977년 미국 항공우주국NASA이 발사한 보이저호일 것입니다. 보이저 1호는 언젠가 또 다른 지적 생명체와의 만남을 꿈꾸며 우주를 초속 20km의 속도로 항해 중입니다. 지구 문명을 소개하기 위해서 바흐의 곡과 인류의 정보가 담긴 레코드를 품은 채 결코 돌아올 수 없는 혼자만의 여행을 이어가고 있습니다.

그리고 또 하나의 중요한 여행이 있습니다. 바로 우리 내면의 여행입니다. 이는 좋아하는 일을 하는 동안 경험하게 되는 마음의 여행입니다. 바쁜 일상 속에서 잠시라도 마음의 여행을 떠나는 일은 나 자신과 대면하는 일이기도 합니다. 삶에 활력을 주는 외적, 내적 여행은 풍요로운 인생의 첫걸음입니다.

이렇듯, 살아간다는 것은 여러분의 인생 여행을 기록하는 일입니다.

일본 문화에 숨겨진 $\sqrt{2}$

Oh, how many of them there are in the fields!

But each flowers in its own way ―

In this is the highest achievement of a flower!

_ Matsuo Bashó, 1644-1694

"오, 이 들판에는 얼마나 많은 꽃들이 피어 있는가! 게다가 각자 자기 방식으로 최선을 다하고 있구나!"라는 의미일까요? 이는 어떤 물리학 논문집 서두에 실린 시인데, 작가는 Bashó, 즉 마쓰오 바쇼의 시를 영어로 번역한 것입니다. 원문은 "풀들은 각자 제 꽃의 공적을 자랑하네"일 것으로 추측됩니다. 흥미롭습니다.

영어로 번역하면 이렇게 길어지는데, 일본어 표현은 간결합니다. 바쇼의 말을 빌리자면 "높은 경지를 깨닫고 속세로 돌아가라"라는 것이겠지요. 일본어의 이러한 특징은 단어 순서 변경에 대한 관용성에서 비롯됩니다.

예를 들어 "나는 어젯밤 별똥별을 보았다"라는 일본어 표현은 "어젯밤 나는 별똥별을 보았다." 혹은 "별똥별을 어젯밤 보았다"라는 말처럼 주어를 생략해도 뜻이 통합니다. 반면 이를 영어로 번역하면 "I saw a shooting star last night"라는 말이 되는데, 여기서 단어 순서를 바꾸거나 주어 'I'를 생략할 수 없습니다. 그러나 일본어에서는 가능하므로 더 풍부한 뉘앙스 표현이 가능해집니다.

다른 바쇼의 시를 보겠습니다.

"옛 연못에 개구리 뛰어드는 물소리."

이 시는 이끼 낀 오래된 연못의 고요함을 묘사합니다. 갑자기 개구리 한 마리가 나타나 연못으로 뛰어들며 '첨벙' 소리를 냅니다. 다시 고요해집니다. 큰 공간 속 작은 생명체와 소리가 만들어내는 역설적 고요함은 일본어 특유의 정교한 풍경 묘사입니다.

그런데 일본 정형시의 일종인 하이쿠俳句는 5·7·5 음절 구조로 되어 있습니다. 5와 7의 비율은 약 1.4로 $\sqrt{2}$ = 1.41421356……에 가깝습니다. 일본의 미적 감각에는 $\sqrt{2}$가 중요한 역할을 합니다. 법륭사 오층탑과 중문의 지붕 너비 비율, 몽전夢殿(법륭사에 있는 팔각형 형태의 건축물) 벽면의 가로세로 비율이 모두 $\sqrt{2}$입니다. 또한 나라 시대奈良時代(710~794)의 목수들이 목재를 측정할 때 사용한 곡척曲尺에는 $\sqrt{2}$ 눈금이 새겨져 있어 우아한 지붕 곡선을 설계하는 데 쓰였습니다. 더불어 통나무의 지름과 최대 각재角材(원목을 네모지게 쪼개 놓은 재목) 한 변의 길이 비율도 $\sqrt{2}$입니다.

우리가 사용하는 A4, B5 용지의 가로세로 비율도 $\sqrt{2}$입니다. 이는 용지를 반으로 접었을 때 새롭게 만들어지는 용지가 원래와 같은 비율을 유지하기 위한 조건입니다. 아름다운 건축과 용지의 크기가 $\sqrt{2}$에서 비롯되었다니 참 멋진 것 같습니다.

사람과
사람의 관계

자연계는 복잡하게 움직이는 것처럼 보이지만, 사실 매우 단순합니다. 사람과 사람의 관계도 마찬가지입니다. 그런데 왜 인간관계에는 항상 갈등이 따를까요?

사람들은 각자 자신만의 '안경'으로 외부 세계를 봅니다. 그래서 다른 사람과 관계를 맺으려 할 때 다양한 갈등이 생깁니다. '왜 저런 행동을 할까?'라고 느끼는 것도 '내가 저 상황이라면 저렇게 하지 않을 텐데'라는 생각이 바탕에 있기 때문입니다. 사람의 마음에는 고유한 경험과 기억이 담겨 있으며, 이를 기준으로 사물을 판단하려 합니다. 하지만 상대방이 지닌 기준을 상상할 수 있게 되면 비로소 소통이 이루어지고, 그 사람의 마음을 이해할 수 있게 됩니다.

그렇다고 해도 인간은 본능적으로 자기중심적인 존재입니다. 배가 고플 때는 상대를 제쳐두고라도 먹고 싶기 마련입니다. 이는 생존을 위한 본능이므로 억누르기가 쉽지 않습니다. 자칫 상대방만 생각하다 보면 자신이 먼저 쓰러질 수도 있기 때문입니다.

그렇다면 자신과 상대방의 균형은 어떻게 맞출 수 있을까요? 핵심은 자신의 이익을 얼마나 상대방의 이익으로 전환할 수 있는가에 달려 있습니다. 다른 사람에게 베풂으로써 자신도 '행복'이라는 이익을 얻는 것입니다. 즉, '나와 너'의 관계에서 '너와 나'의 관계로 전환하지 않으면 인간관계는 원활히 이루어지기 어렵습니다.

"상대가 있기에 내가 존재한다"라는 말은 오래된 진리지만, 이러한 당연한 사실을 과학적 관점에서 바라보는 것이 제 역할이라 생각합니다.

사람 간의 관계를 물리학 세계에 비유해 보겠습니다.

사물을 확인하려면 손으로 만지거나, 어두운 곳에서는 빛을 비추는 등 어떤 작용을 가해야 합니다. 예를 들어 그것이 사과라면, 극단적인 표현이지만, 만지는 행위로 인해 표면 온도가 올라가거나 형태가 변해 원래 상태에서 달라질 수 있습니다. 인간관계도 마찬가지로 상대와 관계를 맺으려고 하면 그 사람의 상태가 변화하게 됩니다. 이는 양자역학의 기본 개념인 불확정성 원리와 유사합니다.

대화할 때도 어떤 방식으로 말하느냐에 따라 상대방의 반응이 달라집니다. 예를 들어 좁은 공간에 물건을 꽉 채우면 압력이 높아져 결국 폭발할 수도 있는 것처럼, "왜 그런 행동을 했어?"라는 식으로 몰아붙이면 상대방은 도망칠 궁리만 하게 되고 진심은 나오지 않습니다. 먼저 상대방의 말을 온전히 인정하고 신뢰 관계를 쌓는 것이 필요합니다.

관계 맺으려는 대상이 어릴수록 그 대상은 원래 상태보다 큰 변화를 일으킵니다. 부모와 자식 간의 관계가 바로 그런 경우입니다. 아이를 꾸짖을 때도 흔히 따지듯 말하기 쉽지만, "왜?"라는 질문으로 몰아붙이는 것은 피해야 합니다. 아이든 어른이든 자신을 이해하려고 노력하는 누군가가 있음을 느낀다면 기뻐하기 마련입니다. 아무리 부유하더라도 자신을 이해하는 사람이 없는 삶만큼 외로운 일은 없습니다.

미래를 바꿀 자유

우리는 종종 과거에 사로잡히곤 합니다. "저 대학에 가지 못해서 출세하지 못했어", "그 사람과 결혼했더라면 더 행복했을 텐데"라고 말입니다.

만족스럽지 못한 현재 상황이나 감정을 과거 탓으로 돌리기 쉽지만, 정말 과거가 미래를 결정하는 걸까요? 과거는 문자 그대로 지나간 것이며, 지금 여러분이 과거라고 생각하는 것은 머릿속에 남아 있는 현재의 기억일 뿐입니다. 과거라는 실체는 존재하지 않습니다. 완벽히 고정된 과거는 있을 수 없으며, 현재의 기억은 편의에 따라 각색된 환상에 불과합니다. 뇌과학 연구에 따르면 기억은 매 순간 재구성되며 변형됩니다. 과거에 집착하여 그 시절로 돌아가고 싶다는 그리운 마음도, 그때 이렇게 했으면 좋았을 텐데 하는 후회도, 단지 여러분이 창조한 이야기일 뿐 실제 과거와 대면하는 것이 아닙니다.

한편으로는 "과거는 알지만, 미래는 모르기 때문에 불안하다"라고 생각할 수 있습니다. 그러나 생각해 보기 바랍니다. 저는 여러분이 이 책을 손에 들기 전의 일을 전혀 모릅니다. 여러분의 과거를 알 수는 없으니까요.

하지만 이 책을 읽은 후의 미래는 예측 가능합니다. 책을 다 읽고 중고서점에 팔지, 집 어딘가에 보관할지 둘 중 하나일 것이기 때문입니다. 과거보다 가까운 미래가 더 예측하기 쉽습니다. 강연장에 모인 청중의 출신지를 추측하기는 어렵지만, 강연 후 그들이 출구로 나갈 것임은 확신할 수 있습니다.

우리는 미래를 바꿀 자유를 '지금' 갖고 있습니다. 이 '지금'은 과거의 누적된 결과이기도 합니다. 그때그때의 '지금'이 쌓여서 만들어진 과거는 미래에 새롭게 다시 칠해질 것입니다. 달리 말하면, 매 순간의 행위에 대한 평가는 그때 정해지는 것이 아니라는 뜻입니다. 과거가 미래를 결정하는 것이 아니라 미래가 그것을 낳은 과거의 가치를 결정한다는 말입니다.

과거도 미래도 모두 '지금' 속에 포함되어 있습니다. 과거를 집착하는 것은 의미가 없습니다. 중요한 것은 밝은 미래를 꿈꾸며 '지금부터' 첫걸음을 내딛는 것입니다. 매우 감성적인 표현이지만, 과거는 새롭고 미래는 그리운 것일지도 모르겠습니다.

언어가 지닌
신비한 이중성

고양이와 개의 울음소리는 거의 전 세계적으로 통용됩니다. 물론 나라마다 의성어 표현은 다르지만, 나라가 다르다고 해서 동물들의 실제 음성이 바뀌지는 않습니다. 이 당연한 현상 속에서 인간만이 언어를 획득한 이유는 무엇일까요? 이는 네 발 걷기에서 두 발 걷기로 전환된 진화 과정과 깊은 관련이 있습니다.

인간은 중력에 의해 목 구조가 변화해 미묘한 소리를 낼 수 있게 되었습니다. 직립보행의 영향으로 고도로 진화한 무거운 뇌를 지탱할 수 있는 척추 구조가 된 것도 언어 발달에 영향을 주었습니다. 지역 환경에 따라 각기 다른 언어가 형성되었지만, 놀라움, 기쁨, 고통 등을 표현하는 소리는 언어 획득 이전의 원초적 감각이므로 인류 대부분이 공통입니다. 이는 음악이 세계 공통어인 사실과도 연결됩니다.

노자의 《도덕경》 1장에 "이름 없는 것이 천지의 시작이니……"라는 구절이 있습니다. 인간의 사고는 언어 없이는 불가능합니다. 언어는 사물을 구분하는 기능과 추상적 보편성을 갖추고 있기 때문입니다. "고양이"라고 말하면, 실제 고양이가 없어도 그 존재를 생생히 상상할 수 있게 하는 것이 언어의 힘입니다.

반면 "'나는 거짓말쟁이다'라고 나는 말했다"라는 문장을 생각해 봅시다. 내가 정직한 사람이라면 이 문장은 거짓이 되고, 거짓말쟁이라면 역시 진실을 전하지 못합니다. 언어의 편리성 뒤에 숨은 모순입니다.

"이것은 태양이다"라고 표현할 때, 머릿속에는 태양이 아닌 지구나 화성도 연상됩니다. "태양이다"라는 표현 속에 "태양이 아니다"가 포함된 것입니다. 불교 철학자 스즈키 다이세쓰鈴木大拙(1870~1966)는 이를 '즉비即非의 논리'라고 부르며 선禪의 기본으로 삼았습니다. 바둑판처럼 교차하는 선을 그린 후 교차점만 지우개로 지우면 하얀 원이 생기는 것처럼, '없음'과 '있음'이 겹쳐 존재하는 신비로움입니다. 이 또한 언어가 지닌 이중성의 한 단면입니다.

달이 없었다면 존재하지 않았을 것들

가을 밤하늘의 달은 특별합니다. 예로부터 달이 차고 기우는 주기와 인간 생활은 밀접하게 연결되어 있었습니다. 달은 '시계' 역할을 했을 뿐만 아니라 인류의 진화에도 큰 영향을 미쳤습니다. 예를 들어, 달이 완전히 가려져 보이지 않는 삭일에는 사냥이 어렵기 때문에 아이를 갖기 좋은 기회로 삼았을 것이며, 이로 인해 여성의 생리 주기와 달이 변화하는 주기가 연관되었을 것으로 추측하고 있습니다.

달은 지구 주위를 도는 유일한 위성이자 가장 가까운 천체입니다. 달은 지구의 파편에서 탄생했습니다. 지구가 형성된 직후 화성 3분의 1 크기의 천체가 지구와 충돌했고, 그로 인해 흩어진 파편들은 지구 중력과 원심력이 균형을 이룬 지점에 모이게 되었습니다. 그리고 그 파편들은 중력의 작용으로 덩어리가 되어 단 몇 개월 만에 달을 형성했습니다.

이 충돌은 지구에 또 다른 큰 변화를 일으켰습니다. 지구의 자전축이 23.5도 기울어지면서, 지구의 공전 위치에 따라 지상에서 바라보는 태양의 고도가 달라져 사계절이 생겨났습니다. 달의 중력은 이 기울기를 고정하는 역할을 하기에 지구는 규칙적인 계절 순환이 가능합니다. 만약 달이 없었다면 아침은 여름, 밤은 겨울이 되는 것처럼 계절이 뒤섞이는 혼란스러운 환경이 되었을 것입니다.

 달의 선물은 계절뿐만이 아닙니다. 달이 탄생하기 전에는 지구의 자전 속도가 현재보다 3배나 빨랐고 하루가 8시간이었습니다. 하지만 달의 중력이 밀물과 썰물을 일으키며 지구 자전에 제동을 걸어 하루가 24시간이 되었습니다.

 만약 달이 없어서 지구 자전 속도가 지금보다 3배 빠르다면, 초속 300~400m의 폭풍이 휘몰아치는 세상이 되었을 것입니다. 이 정도 바람이면 자동차도 가볍게 날려버릴 수 있습니다. 바위가 날아다닐 뿐만 아니라 무시무시한 바람 소리 때문에 생명체가 생존하기 어려운 환경이 되었을지도 모릅니다. 이렇게 되면 '소리'도 의사소통 수단이 될 수 없었을 테고, 귀도 발달하지 못했을 테니 당연히 음악은 탄생조차 하지 못했을 것입니다. 지금의 우리가 있게 된 것은 달 덕분이라고 해도 과언이 아닙니다.

　달을 사랑하는 마음과 더불어 감사의 마음도 함께 담아 보는 것은 어떨까요.

365일과
108번뇌

일본에서는 12월을 다른 말로 '시와스しわす[師走]'라고도 부르는데, 그 어원이 무엇인지는 정확히 전해지고 있지 않습니다. 여러 가지 설이 있지만, 가장 설득력 있는 내용은 '오시おし[御師]가 뛰어다니는 계절'이라는 설입니다. 오시는 일본인들이 '일생에 한 번은 순례해야 할 곳'으로 생각하는 이세신궁伊勢神宮(모든 신사의 본청으로, 일본 신앙의 중심지)을 안내하던 사람들을 가리킵니다. 그들은 이세신궁 방문을 위한 길 안내, 숙박과 식사 준비, 기념품 구매 지원 등의 일을 담당했습니다. 또한 연말이 되면 이세신궁에 갈 수 없는 사람들을 대신해 신궁에서 만든 신년 부적을 각 가정에 배달하기 위해 분주히 뛰어다녔다고 합니다. 사람들은 올해의 마지막 날 밤에 이 부적을 장식하고, 108번의 제야의 종소리를 들으며 새해를 맞이했습니다.

이 108이라는 숫자는 불교에서 말하는 번뇌의 개수입

니다. 종을 한 번 칠 때마다 번뇌가 하나씩 사라지고, 마지막 108번째 종소리와 함께 새해를 평온하게 맞이한다는 의미가 담겨 있습니다. 번뇌가 108개라는 것에도 여러 설이 있는데, 예를 들어 '사고팔고四苦八苦'에서 나온 $(4 \times 9) + (8 \times 9) = 108$이라는 해석(일본어는 苦의 발음과 9의 발음이 같아서 숫자 9를 곱함)이 있고, 혹은 12개월, 24절기, 72후를 더한 수라는 이야기도 있습니다. 하지만 가장 그럴듯한 설명은 불교의 번뇌관에서 찾을 수 있습니다. 인간의 감각기관인 ① 안眼, ② 이耳, ③ 비鼻, ④ 설舌, ⑤ 신身, ⑥ 의意의 여섯 가지[六根]를 각각 ① '좋음', ② '나쁨', ③ '좋지도 나쁘지도 않음'의 세 부류로 나누고, 이를 다시 ① '깨끗함[淨]'과 ② '더러움[染]'으로 구분한 후 ① 전생, ② 현생, ③ 내생이라는 시간적 범위까지 고려하면 $6 \times 3 \times 2 \times 3 = 108$이 된다는 것입니다.

어쨌든 마음속 깊이 울리는 종소리에는 모든 것을 정화하는 듯한 신비로운 힘이 느껴집니다. 이는 아마도 종소리에 담긴 자연 배음倍音(어떤 원음에 대해 정수 배의 진동수를 가진 음)의 진동이 뇌 속 깊은 곳과 교감하기 때문일 것입니다.

한편, 1년 주기로 계절이 반복되는 이유는 지구가 태양 주위를 365일 동안 공전하기 때문입니다. 즉, 태양과 지구의 위치 관계는 아침, 낮, 밤을 365번 반복하면 원래대로 돌아옵니다. 여기서 한 바퀴를 360도로 정한 것 같습니다. 그런데 왜 365도가 아니라 360도로 했을까요? 그것은 360이라는 숫자가 2, 3, 4, 5 …… 10 …… 15 …… 30 …… 60 …… 90 등 많은 수로 나누어떨어져서 구분하기 쉽기 때문입니다. 여기서 시간을 측정하는 60진법도 탄생한 것으로 보입니다.

예수의 탄생

'크리스마스'를 영어로 쓰면 'Christmas'가 됩니다. 이것은 Christ(그리스도)의 mass(의식)라는 의미의 합성입니다. 신이자 인간의 모습으로 강림한 구세주 예수의 탄생을 기리는 날이지만, 실제로 태어난 날은 아닙니다.

누가복음 2장 1~7절에 따르면, 당시의 로마 황제 아우구스투스Augustus(B.C. 63~A.D. 14)가 인구 조사 명령을 내리자 만삭의 마리아가 베들레헴으로 이동해 예수를 낳았다고 합니다. 마태복음 2장 19절에는 예수 탄생 당시 헤롯왕이 사망했다고 기록되어 있는데, 역사 연구를 통해 이 시기는 B.C. 4년경으로 추정됩니다. 또한 누가복음 2장 8절에는 예수 탄생 시기에 양치기들이 들에서 양을 치고 있었다는 기록이 있는 것으로 보아 겨울이 아니었음을 알 수 있습니다. 이스라엘의 겨울은 추위가 매서워서 가축 방목이 어렵습니다.

이를 근거로 유추해 본다면, 예수의 탄생은 B.C. 4년경

따뜻한 계절이었을 가능성이 큽니다. 이를 뒷받침하는 단서가 마태복음 2장에 등장하는 '베들레헴의 별'입니다. 여기에는 예수의 탄생을 알리는 별이 하늘에서 빛났다는 내용이 담겨 있습니다.

이처럼 갑작스럽게 별이 빛나려면 몇 가지 조건이 필요합니다. 연료를 모두 소진하여 대폭발을 일으키는 초신성, 밝기가 주기적으로 변하는 변광성, 지구로 접근하는 혜성 등이 있었거나, 또는 여러 행성이 한 곳에 모여 밝게 빛나는 현상이 일어나야 가능합니다. 과거의 기록을 살펴보면 초신성, 변광성의 가능성은 작으며, 유력한 후보인 핼리혜성도 B.C. 11년에 이미 지나갔기 때문에 남은 유력한 가설은 행성들의 집합을 생각해 볼 수 있습니다.

조사에 따르면 B.C. 4년 전후 금성, 목성, 화성, 수성의 집합이 여러 번 발생했으며, 이는 모두 초여름부터 초가을 사이였습니다. 따라서 예수의 탄생일은 겨울이 아님을 추측할 수 있습니다. 그런데도 크리스마스를 12월 25일로 정한 것은 동지冬至(1년 중 밤이 가장 긴 날) 이후부터 낮이 길어지기 시작한다는 점을 구세주 탄생의 상징으로 삼았기 때문으로 여겨집니다.

그 밖에 크리스마스 하면 뭐니 뭐니 해도 선물을 주는 풍습이 떠오릅니다. 선물을 주는 행위는 요한복음 3장 16절에 있는 것처럼 '주는 것'이 기독교의 근본을 이루는 밑바탕입니다. 이 '주는 행위'도 우리 인류가 두 발로 걷게끔 진화하여 양손을 자유롭게 사용하게 되면서 생긴 풍습이라고 말할 수 있습니다.

예수의 생애는 역사적 검증이 어려워 짙은 안개에 휩싸여 있지만, 크리스마스를 축하하는 여러분의 마음속에 여전히 살아 숨 쉬고 있습니다.

1인칭의 죽음은
존재하지
않는다

우리 몸을 구성하는 세포들은 매일 새로워지며 재생됩니다. 생성과 소멸이 동시에 일어나는 동적평형動的平衡(내부가 변하고 있음에도 멈춰 있는 것처럼 보이는 상태)을 이루고 있습니다.

이를 소립자 수준에서 우주로 확대해서 생각해 보면, 우주에 존재하는 모든 것은 숫자 1 뒤에 0이 80개 붙은 어마어마한 수의 소립자들이 모이고 흩어지며 만들어낸 '순간적 존재'라고 할 수 있습니다.

우리 생명의 주성분인 탄소는 원래 별이 빛을 내는 과정에서 합성되었습니다. 그 별이 초신성 폭발로 소멸할 때 탄소도 우주 공간으로 흩어집니다. 이 흩어진 탄소가 지구 형성기 때 흡수되어 지구의 일부가 되었고, 그 결과 지구상의 많은 동물과 식물을 만들어낸 후 우리 몸속으로도 들어오게 되었습니다. 장엄한 우주의 순환 과정입니다. 따라서 우리도

이 순환의 산물이므로 탄생과 종말이 있습니다. 하지만 물질이나 동식물과 달리 인간은 지성을 얻어 자신의 종말을 인지하게 되었습니다. 이로 인한 공포와 불안에서 벗어나기 위해 종교가 생겼지만, 논리와 증명으로 구성된 현대 과학도 이 문제의 답을 찾고 있습니다.

죽음은 누구도 피할 수 없습니다. 알려줄 사람도 없습니다. 죽음의 실체를 파악할 수 없기에 그저 두려워할 뿐입니다.

임사체험도 살아있는 자의 증언일 뿐, 진정한 '죽음'의 체험이라고 단정할 수 없습니다. 괴로움의 도피처로 죽음을 생각할 수도 있으나, 죽음이 불행에서 벗어나게 해준다는 보장은 어디에도 없습니다.

죽음은 항상 우리 주변에 있습니다. 일상에서 3인칭의 죽음은 너무나 흔한 일입니다. 하지만 2인칭의 죽음은 자신과 깊은 관계가 있기 때문에 큰 사건으로 다가옵니다. 그러나 자신의 죽음, 즉 1인칭의 죽음은 어떨까요? 죽음의 정의가 의식의 상실에 있다고 한다면, 1인칭의 죽음은 존재할 수 없습니다.

살아 있는 '나'에게는 살아 있는 순간이야말로 '영원'이라고 할 수 있습니다.

    도겐 선사의 가르침을 빌리자면, "생(멸)은 생(멸) 그 자체일 뿐 다른 무엇도 아니다. 생(멸)이 찾아오면 오로지 생(멸)에 헌신하라"라는 말입니다. 지금 이 순간에 인생의 모든 것이 응축되어 있다는 사실을 잊지 않았으면 좋겠습니다.

평화를 위한
지침서

유감스럽게도 인류 역사의 대부분은 전쟁의 역사라 해도 과언이 아닙니다. J. 바벨의 추정에 따르면 기록된 5,500년 인류사 중 세계가 평화로웠던 기간은 고작 292년에 불과하다고 합니다. 심지어 인류 구원과 세계 평화를 목표로 한 종교조차 신의 이름으로 전쟁을 벌인 어두운 역사가 있습니다. 하지만 자세히 살펴보면 종교 교리 간 충돌은 생각보다 적었고, 종교를 빙자한 권력 다툼이 대부분이었습니다.

전쟁의 원인에 관해서는 기원전부터 무수한 논의가 있었습니다. 그중 공통점은 ① 명예욕, ② 이익(재물), ③ 증오, ④ 기아, ⑤ 경쟁심, ⑥ 자기방어, ⑦ 권력 확대(영토 확장) 등이 꼽힙니다. 이는 모두 '욕망'에서 비롯됩니다. 지나친 욕망이 다툼을 초래하고 모든 것을 파괴합니다. 인류의 역사를 놓고 보면 인간은 욕망으로 똘똘 뭉친 동물 같다는 생각을 지울 수가 없습니다. 하지만 동시에 방대한 우주까지 영역을 넓혀 생각할 수 있는 유일한 존재도 인간입니다.

 우리가 싸움을 멈추려면, 인간 또한 우주의 작은 조각으로서 독립된 존재가 아니라 다른 모든 존재와의 공존 관계 속에서만 살아갈 수 있는 존재임을 깨달아야 합니다. 우리 모두에게 이러한 마음가짐이 있다면 적어도 끔찍한 전쟁은 피할 수 있을 것입니다. 《반야심경》은 내면의 마음 작용과 외부 세계와의 상호 관계를 명백히 보여줍니다. 이를 통해 우주와 우리는 모두 연결되어 있다는 진리를 볼 수 있는 지혜를 제시합니다.

 우리는 자신의 몸조차 완전히 소유하지 못합니다. 감기에 걸렸다고 해서 낫는 시기를 조절할 수도 없고, 심장 박동도 마음대로 제어할 수 없습니다. 자기 몸도 이러할진대 외부의 다른 물건을 소유한다는 주장은 처음부터 이루어질 수 없는 욕망입니다. 우리는 집이나 건물을 짓기 전에 안전을 염원하는 고사告祀를 지냅니다. 그런데 이 의식에는 본래 자연으로부터 땅을 잠시 빌려 쓰겠다는 뜻이 담겨 있습니다. 땅이 인간의 소유가 될 수 없음을 옛사람들은 이미 알고 있었던 것 같습니다. 이 내용에 비추어 본다면, 영토 분쟁은 국가 간의 자존심과 힘의 과시일 뿐이며, 이기심의 발로에 지나지 않습니다.

《반야심경》은 전쟁의 원인이 마음의 환영에서 비롯되었다고 설합니다. 모든 것은 상호 의존적이며, 연기緣起하는 존재이므로 다른 존재를 해치지 않는 것이 최선이라고 가르칩니다.

불교의 기본은 '비폭력', 즉 '아힘사ahiṃsā = 해치지 않음'이며, 기독교의 '클레멘티아clementia = 관용, 공감'과도 연결됩니다. 우리는 이 가르침을 받아들여 인내와 관용으로 증오의 연쇄를 끊고 평화를 이룰 수 있도록 노력해야 합니다.《반야심경》은 개인에게 평안을 주는 안내서인 동시에 세계 평화를 위한 지침서임을 마지막으로 적어두고자 합니다.

아힘사와 클레멘티아를 중심으로

성 프란체스코의 평화의 기도

주님, 저를 당신의 평화의 도구로
만들어 주소서.
미움이 있는 곳에 사랑을,
다툼이 있는 곳에 화해를,
분열이 있는 곳에 화합을,
잘못이 있는 곳에 진실을,
의심이 있는 곳에 신뢰를,
절망이 있는 곳에 희망을,
어둠이 있는 곳에 당신의 빛을,
슬픔이 있는 곳에 기쁨을 허락하소서.

주님, 위로받기보다는 위로하고,
이해받기보다는 이해하며,
사랑받기보다는 사랑하게 하소서.
왜냐하면, 우리는 줌으로써 받고,
잊히는 것으로 자신을 발견하며,
용서함으로써 용서받고,
죽음으로써 영원한 생명으로
부활하기 때문입니다.

아시시의 성 프란체스코
(13세기 이탈리아에서 활동한
프란체스코회 창시자)가 지었다고
알려진 아름다운 기도문이나,
정확한 작자는 알지 못한다.

미야자와 겐지의 작품 〈비에도 지지 않고〉는 이 '성 프란체스코의 평화의 기도'에 필적할 만큼 풍부한 내용을 담고 있습니다. 다만 이 시는 일본에서 너무 유명해져서 사람들이 깊이 음미하지 않고 가볍게 지나치는 경향이 있다는 점이 아쉽습니다.

이 시에는 불교도로서의 결연한 청빈함이 엿보이는 동시에 프란체스코의 기독교 정신과 통하는 부분도 있어 세계 평화를 바라는 보편적 메시지가 가득 담겨 있습니다. 병상에서 썼기에 이러한 작품이 나올 수 있었다고 생각합니다. 미야자와 겐지의 조용하지만 강렬한 마음의 외침이 저의 마음을 울립니다.

비에도 지지 않고

비에도 지지 않고
바람에도 지지 않고
눈에도 여름 더위에도 지지 않는
튼튼한 몸을 가지고
욕심도 없고
결코 화내지 않으며
언제나 조용히 웃고 있다.
하루에 현미 네 홉과
된장과 약간의 채소를 먹으며
감정에 휘둘리지 않고
잘 보고 듣고 이해하며
그리고 잊지 않는다.
들판의 소나무 숲 그늘의
작은 억새 지붕 오두막에 살며
동쪽에 병든 아이가 있으면
가서 보살펴 주고
서쪽에 지친 어머니가 있으면
가서 그 볏단을 메주고

남쪽에 죽어가는 사람이 있으면

가서 두려워하지 않아도 된다고 말하고

북쪽에 싸움이나 소송이 나면

시시하니 그만두라고 말하고

가뭄이 들면 눈물을 흘리고

추운 여름에는 허둥지둥 걸으며

모두에게 멍청이라 불리고

칭찬받지 못하고

근심거리도 되지 않는

그런 사람이

나는 되고 싶다

_미야자와 겐지의 수첩에서 발췌, 1931년 11월 3일

'사랑'에 관한
두 가지
깊은 통찰

외로울 때

내가 외로울 때
다른 사람들은 모릅니다.

내가 외로울 때
친구들은 웃습니다.

내가 외로울 때
어머니는 다정합니다.

내가 외로울 때
부처님은 외롭습니다.

_가네코 미스즈

신약성경 고린도전서 13장 4~8절

사랑은 오래 참고, 친절합니다.

사랑은 시기하지 않으며, 뽐내지 않고, 교만하지 않습니다.

사랑은 무례하지 않으며, 자기의 이익을 구하지 않고,

성내지 않으며, 원한을 품지 않습니다.

사랑은 불의를 기뻐하지 않으며, 진리를 기뻐합니다.

사랑은 모든 것을 덮어 주며,

모든 것을 믿고, 모든 것을 바라고, 모든 것을 견딥니다.

사랑은 언제까지나 영원합니다.

마 . 치 . 며 .

이 책은 서문에서도 언급했듯이 《반야심경》에 관한 이야기를 담았습니다. 《반야심경》은 말할 필요도 없이 부처님의 가르침을 근간으로 모든 이의 구원을 목표로 한 진언眞言입니다. 단 260자로 된 아름다운 경전으로, 내용은 광대무변한 우주 교향곡을 연상케 하는 울림으로 가득 차 있습니다. 그래서 수많은 불교 경전 중 지금까지도 가장 사랑받는 경전이라고 생각합니다. 높은 인기만큼 해설서도 많지만, 불교학자도 아닌 제가 이 주제를 다루는 데는 망설임이 있었습니다.

그런데 자연과학 연구자로서 일선을 떠난 지금, 우연히 아스카飛鳥Ⅱ호라는 이름의 대형 크루즈 선박에서 강의를 의뢰받아 과학자의 시선으로 《반야심경》의 아름다움을 강의했는데 뜻밖의 큰 호응을 얻었습니다. 그래서 용기를 얻고 그때 강의했던 초고를 바탕으로 수정 보완하여 책으로 엮었습니다. 그렇게 불교학자의 저술과는 다른 에세이에 가까운 책이 나오게 되었습니다.

《반야심경》은 소본小本과 대본大本의 두 종류가 있습니다. 이 책에서는 소본 문헌만을 다루었고, 여러 한문 번역 중 일본에서 표준으로 삼는 현장玄奘(602~664)의 번역을 채택했습니다. 집필을 위해서 산스크리트 원문과 한역 비교 연구의 일인자로 알려진 나카무라 하지메中村元 박사의 《현대어역 대승불전 1 반야경전》과 비트겐슈타인 연구로 유명한 구로사키 히로시黑崎宏 박사의 《이성의 한계 속에서의 반야심경》을 참고했습니다. 이 두 권의 책에서 많은 영감을 받았습니다. 이분들의 업적에 경의를 표하며 깊은 감사를 드립니다.

2016년부터 주식회사 도쿄급행전철의 정보지 〈SALUS〉에 연재한 '물리학 박사 사지 하루오의 연재 에세이 ─ 우주의 조각' 일부를 옮겨서 구성을 다듬은 후 수록하였습니다. 따라서 중복된 내용이 있음을 미리 말씀드립니다.

연재를 도와주신 편집자 손나미孫奈美 씨와 주식회사 도쿄급행전철에 감사 인사를 전합니다.

이 작은 책이 독자 여러분 마음의 풍요로운 미래를 위한 등불이 된다면, 저에게 그 이상의 행복은 없습니다.

끝으로 원고 집필을 권유해 주시고 아름다운 책으로 엮어주신 편집자 니시히로 사키미西広佐紀美 씨와 출판을 맡아주신 마이니치신문출판의 나가카미 다카시永上敬 씨께 깊은 감사를 드립니다.

2019년 7월

라벤더와 마거리트가 아름답게 핀

비에이美瑛의 아틀리에에서,

사지 하루오

부 . 록 .

한문본 《반야심경》
우리말 《반야심경》
영문본 《반야심경》
산스크리트본 《반야심경》

한문본
《반야심경》

摩訶般若波羅蜜多心經

觀自在菩薩 行深般若波羅蜜多時 照見五蘊皆空 度一切苦厄 舍利子 色不異空 空不異色 色卽是空 空卽是色 受想行識 亦復如是 舍利子 是諸法空相 不生不滅 不垢不淨 不增不減 是故 空中無色 無受想行識 無眼耳鼻舌身意 無色聲香味觸法 無眼界 乃至 無意識界 無無明 亦無無明盡 乃至 無老死 亦無老死盡 無苦集滅道 無智亦無得 以無所得故 菩提薩埵 依般若波羅蜜多故 心無罣碍 無罣碍故 無有恐怖 遠離顚倒夢想 究竟涅槃 三世諸佛 依般若波羅蜜多故 得阿耨多羅三藐三菩提 故知 般若波羅蜜多 是大神呪 是大明呪 是無上呪 是無等等呪 能除一切苦 眞實不虛 故說般若波羅蜜多呪 卽說呪曰

揭諦揭諦 婆羅揭諦 婆羅僧揭諦 菩提 娑婆訶

마하반야바라밀다심경

관자재보살 행심반야바라밀다시 조견오온개공 도일체고액 사리자 색불이공 공불이색 색즉시공 공즉시색 수상행식 역부여시 사리자 시제법공상 불생불멸 불구부정 부증불감 시고 공중무색 무수상행식 무안이비설신의 무색성향미촉법 무안계 내지 무의식계 무무명 역무무명진 내지 무노사 역무노사진 무고집멸도 무지역무득 이무소득고 보리살타 의반야바라밀다고 심무가애 무가애고 무유공포 원리전도몽상 구경열반 삼세제불 의반야바라밀다고 득아뇩다라삼먁삼보리 고지 반야바라밀다 시대신주 시대명주 시무상주 시무등등주 능제일체고 진실불허 고설반야바라밀다주 즉설주왈
아제아제 바라아제 바라승아제 모지 사바하

우리말
《반야심경》

마하반야바라밀다심경

관자재보살이 깊은 반야바라밀다를 행할 때, 오온이 공한 것을 비추어 보고 온갖 고통에서 건너느니라. 사리자여! 색이 공과 다르지 않고 공이 색과 다르지 않으며, 색이 곧 공이요 공이 곧 색이니, 수 상 행 식도 그러하니라.

사리자여! 모든 법은 공하여 나지도 멸하지도 않으며, 더럽지도 깨끗하지도 않으며, 늘지도 줄지도 않느니라.

그러므로 공 가운데는 색이 없고 수 상 행 식도 없으며, 안 이 비 설 신 의도 없고, 색 성 향 미 촉 법도 없으며, 눈의 경계도 의식의 경계까지도 없고, 무명도 무명이 다함까지도 없으며, 늙고 죽음도 늙고 죽음이 다함까지도 없고, 고 집 멸 도도 없으며, 지혜도 얻음도 없느니라.

얻을 것이 없는 까닭에 보살은 반야바라밀다를 의지하므로 마음에 걸림이 없고 걸림이 없으므로 두려움이 없어서, 뒤바뀐 헛된 생각을 멀리 떠나 완전한 열반에 들어가며, 삼세의 모든 부처님도 반야바라밀다를 의지하므로 최상의 깨달음을 얻느니라.

반야바라밀다는 가장 신비하고 밝은 주문이며 위없는 주문이며 무엇과도 견줄 수 없는 주문이니, 온갖 괴로움을 없애고 진실하여 허망하지 않음을 알지니라.

이제 반야바라밀다주를 말하리라.

아제아제 바라아제 바라승아제 모지 사바하

영문본
《반야심경》

THE HEART OF THE PRAJÑAPARAMITA

The Bodhisattva Avalokita, while moving in the deep course of Perfect Understanding, shed light on the five skandhas and found them equally empty. After this penetration, he overcame all pain.

"Listen, Shariputra, form is emptiness, emptiness is form, form does not differ from emptiness, emptiness does not differ from form.
The same is true with feelings, perceptions, mental formations, and consciousness."

"Hear, Shariputra, all dharmas are marked with emptiness;

they are neither produced nor destroyed, neither defiled nor immaculate, neither increasing nor decreasing."

"Therefore, in emptiness there is neither form, nor feeling, nor perception, nor mental formations, nor consciousness; no eye, or ear, or nose, or tongue, or body, or mind, no form, no sound, no smell, no taste, no touch, no object of mind; no realms of elements (from eyes to mind-consciousness); no interdependent origins and no extinction of them (from ignorance to old age and death);
no suffering, no origination of suffering, no extinction of suffering, no path;
no understanding, no attainment."

"Because there is no attainment, the bodhisattvas, supported by the Perfection of Understanding, find no obstacles for their minds.
Having no obstacles, they overcome fear, liberating themselves forever from illusion and realizing perfect

Nirvana. All Buddhas in the past, present, and future, thanks to this Perfect Understanding, arrive at full, right, and universal Enlightenment."

"Therefore, one should know that Perfect Understanding is a great mantra, is the highest mantra, is the unequalled mantra, the destroyer of all suffering, the incorruptible truth.
A mantra of Prajñaparamita should therefore be proclaimed."
This is the mantra:

"Gate gate paragate parasamgate bodhi svaha."

_ Translated by Thich Nhat Hanh: The Heart of Understanding
(Parallax Press, Berkeley, California, 1988)

산스크리트본
《반야심경》

Namas Sarvajñāya

āryāvalokiteśvaro bodhisattvo gambhīrāyāṃ
prajñāpāramitāyāṃ caryāṃ caramāṇo vyavalokayati sma;
pañca skandhās, tāṃś ca svabhāva-śūnyān paśyati sma.
iha Śāriputra rūpaṃ śūnyatā, śūnyataiva rūpam. rūpān na
pṛthak śūnyatā, śūnyatāyā na pṛthag rūpam.
yad rūpaṃ sā śūnyatā, yā śūnyatā tad rūpam. evam eva
vedanā-saṃjñā-saṃskāra-vijñānāni.
iha Śāriputra sarva-dharmāḥ śūnyatā-lakṣaṇā anutpannā
aniruddhā amalāvimalā nonā na paripūrṇāḥ.
tasmāc Chāriputra śūnyatāyāṃ na rūpaṃ na vedanā na
saṃjñā na saṃskārā na vijñānam.
na cakṣuḥ-śrotra-ghrāṇa-jihvā-kāya-manāṃsi, na

rūpaśabda-gandha-rasa-spraṣṭavya-dharmāḥ, na cakṣur-dhātur yāvan na mano-vijñāna-dhātuḥ.

na vidyā nāvidyā na vidyākṣayo nāvidyākṣayo yāvan na jarāmaraṇaṃ na jarāmaraṇakṣayo na duḥkha-samudaya-nirodha-mārgā, na jñānaṃ na prāptiḥ.
tasmād aprāptitvād bodhisattvānāṃ prajñāpāramitām āśritya viharaty a-cittā varaṇaḥ.
cittāvaraṇa-nāstitvād atrasto viparyāsātikrānto niṣṭhanirvāṇaḥ. tryadhvavyavasthitāḥ sarva-buddhāḥ prajñāpāramitām āśrityānuttarāṃ samyaksambodhiṃ abhisambuddhāḥ.
tasmāj jñātavyaṃ prajñāpāramitā-mahāmantro mahāvidyāmantro 'nuttaramantro 'samasama-mantraḥ, sarvaduḥkhapraśamanaḥ. satyam amithyatvāt, prajñāpāramitāyām ukto mantraḥ,
tad yathā:
gate gate pāragate pāra-saṃgate bodhi svāhā.
iti Prajñāpāramitā-hṛdayaṃ samāptam.

반야심경 과학을 좋아하는 사람들을 위한

ⓒ 사지 하루오, 2025

2025년 8월 25일 초판 1쇄 발행

지은이 사지 하루오 • 옮긴이 주성원
발행인 박상근(至弘) • 편집인 류지호 • 편집이사 양동민
책임편집 이진우 • 편집 김재호, 양민호, 김소영, 최호승, 정유리, 이란희 • 디자인 쿠담디자인
제작 김명환 • 마케팅 김대현, 김대우, 이선호, 류지수 • 관리 윤정안
콘텐츠국 유권준, 김희준
펴낸 곳 불광출판사 (03169) 서울시 종로구 사직로10길 17 인왕빌딩 301호
　　　　대표전화 02) 420-3200 편집부 02) 420-3300 팩시밀리 02) 420-3400
　　　　출판등록 제300-2009-130호(1979. 10. 10.)

ISBN 979-11-7261-197-2 (03220)

값 18,000원

잘못된 책은 구입하신 서점에서 바꾸어 드립니다.
독자의 의견을 기다립니다. www.bulkwang.co.kr
불광출판사는 (주)불광미디어의 단행본 브랜드입니다.